La source lumineuse

Commentaire de la sourate « Les appartements »

Du même auteur :

Les douces sagesses

Farid DJEBIHA

La source lumineuse

Commentaire de la sourate « Les appartements »

Al Wassîla

« Tous droits de reproduction, d'adaptation et de traduction, intégrale ou partielle réservés pour tous pays. L'auteur ou l'éditeur est seul propriétaire des droits et responsable du contenu de ce livre. Le Code de la propriété intellectuelle interdit les copies ou reproductions destinées à une utilisation collective. Toute représentation ou reproduction intégrale ou partielle faite par quelque procédé que ce soit, sans le consentement de l'auteur ou de ses ayants droit ou ayants cause, est illicite et constitue une contrefaçon, aux termes des articles L.335-2 et suivants du Code de la propriété intellectuelle. »

© 2021 Farid DJEBIHA
Édition : BoD – Books on Demand, 12/14 rond-point des Champs-Élysées, 75008 Paris
Impression : BoD - Books on Demand, Norderstedt, Allemagne
ISBN : 9782322405121
Dépôt légal : janvier 2021

Farid DJEBIHA

Farid DJEBIHA est enseignant, auteur et conférencier. Diplômé en sciences religieuses musulmane, il est le fondateur et le directeur pédagogique de l'Institut Musulman de Moselle (I.M.M). Il est également l'auteur du livre « Les douces sagesse ».

Al Wassîla

À mon épouse bien-aimée,

Pour son soutien puis son affection,

Pour sa patience et son attention,

À toi, cet ouvrage est dédié.

Table des matières

Introduction à l'exégèse coranique 15

Définition 17

Les 2 sortes d'exégèse 19

Les méthodes de l'exégèse 21

Les outils de l'exégète pour expliquer le Coran 25

Exégètes et exégèses célèbres 31

Commentaire de la sourate " Les Appartements" 33

Verset 1 35

Verset 2 41

Verset 3 45

verset 4 49

Verset 5 53

Verset 6 55

Verset 7 59

Verset 8 63

Verset 9 65

Verset 10 69

Verset 11 73

Verset 12 79

Verset 13 85

Verset 14 91

Verset 15 95

Verset 16 99

Verset 17 103

Verset 18 107

Biographie des exégètes cités dans cet ouvrage 109

Bibliographie 121

Préface

بِسْمِ اللهِ الرَّحْمَنِ الرَّحِيمِ

Préface

Les louanges les plus parfaites appartiennent à Dieu, Créateur des cieux et de la Terre, Maître des univers. Nous demandons au plus Miséricordieux des Miséricordieux, d'accorder Ses bénédictions et Son salut à la plus noble de Ses créatures, notre Prophète bien aimé, Mohammed.

O toi, assoiffé de Savoir !

Tu vas pénétrer dans un domaine somptueux, admirable et majestueux. Très peu y ont pénétré car, les voies d'accès à ce domaine remarquable sont rares et enchevêtrés d'obstacles. Ce domaine se nomme « Tafsîr », que nous traduisons par le vocable « exégèse ».

Je te propose que nous fassions chemin ensemble jusqu'à l'entrée de ce noble domaine. Durant ce chemin, je vais essayer de t'indiquer les raccourcis, les orientations sûres et les pièges à éviter pour que, si Dieu le Veut, nous nous présentions à la porte de l'exégèse.

Puis, une fois arrivé, nous allons pénétrer à l'intérieur et je te ferai découvrir un jardin où coule une source intarissable d'enseignements, et rafraîchissante pour l'âme. Une source aux vertus médicinales concernant les maux du cœur. Cette source est la sourate « **Les Appartements** » (sourate 49 du Coran).

Ainsi, ô assoiffé de connaissances, tu pourras t'abreuver à souhait !

Sache que pour m'investir de ce rôle de guide, j'ai mis des mois à parcourir ce long chemin. J'ai creusé dans plus de 80 livres d'exégèses (chacun en plusieurs tomes) pour en extraire les trésors qui te seront présentés. J'ai passé au crible les propos des érudits spécialisés dans l'exégèse, de la traduction à l'agencement, de la compréhension à la sélection, et je t'avoue que cette tâche fut difficile et périlleuse.

Toutefois, cela m'a permis de découvrir ce domaine, ce jardin et cette source. Je m'en suis délecté avec un plaisir indescriptible.

Pour que nous puissions voyager ensemble sereinement, voici quelques recommandations :
- Que ton intention soit vigilante !
- Que ta motivation soit constante !
- Que tes invocations soient abondantes !

Enfin, voici quelques repères méthodologiques :
- Parmi les 80 ouvrages à ma disposition, j'ai puisé en majorité dans 20 d'entre eux. Les autres restants, m'ont aidé à certains moments, à affiner mes recherches.
- Le commentaire que je propose est un concentré d'enseignements. C'est pourquoi, le commentaire est présenté d'une manière simple et abordable.
- J'ai vérifié chaque source avec minutie et détermination. Chaque source est sûre, auquel cas, j'indique si

l'information que je rapporte, n'atteint pas un degré élevé d'authenticité.
- J'ai mis à ta disposition à la fin de l'ouvrage, une courte biographie de tous les exégètes dont j'ai puisé une quelconque parole et dont j'ai cité le nom dans cet ouvrage.
- Tu trouveras aussi, un index de tous les livres de « Tafsîr », ainsi que ceux d'autres sciences, que j'ai utilisé pour ce modeste ouvrage.

À ton tour désormais, ô assoiffé de Savoir, de t'abreuver à cette source lumineuse de l'exégèse !

Farid DJEBIHA

Introduction à l'exégèse coranique

Définition

- **Linguistique :** exégèse se dit en arabe « Tafsîr » (التَّفْسِيرُ). Ce mot provient du verbe « Fassara » (فَسَّرَ) qui signifie : commenter, faire l'exégèse, élucider, expliquer ou interpréter.

- **Conventionnelle :** c'est la science par laquelle on comprend le livre de Dieu et par laquelle on éclaircie le sens du Coran. Le « Tafsîr » permet aussi d'extirper des règles et des exhortations du livre de Dieu.

Les 2 sortes d'exégèse

- **L'exégèse par la traduction/** التَّفْسيرُ المَنْقولُ : lorsque le Coran est traduit dans une autre langue que l'arabe, le traducteur procède à une exégèse du texte coranique, car le Coran en vérité, est intraduisible. C'est le sens du Coran qui est traduit plutôt que la lettre du texte.

- **L'exégèse par la réflexion/** التَّفْسيرُ بِالْمَعْقولِ : c'est l'exégèse telle que nous la connaissons, celle qui permet de comprendre le sens profond du Coran et qui évite toute interprétation extrême.

Les méthodes de l'exégèse

- **Expliquer le Coran par le Coran :**

Ceci consiste à interpréter certains versets du Coran par d'autres versets du Coran apportant un éclairage complémentaire sur le même sujet. Ainsi, ce qui est exprimé avec concision à un endroit est explicité et détaillé à un autre endroit.

Par exemple, dans la sourate 1,(Al Fâtiha), nous lisons :

صِرَاطَ ٱلَّذِينَ أَنْعَمْتَ عَلَيْهِمْ غَيْرِ ٱلْمَغْضُوبِ عَلَيْهِمْ وَلَا ٱلضَّآلِّينَ

« Guide-nous dans le droit chemin, le chemin de ceux que Tu as comblés de bienfaits, non pas de ceux qui ont encouru Ta colère, ni des égarés. »

On explique l'expression « ceux que Tu as comblés de bienfaits » à la lumière du verset :

وَمَن يُطِعِ ٱللَّهَ وَٱلرَّسُولَ فَأُوْلَٰٓئِكَ مَعَ ٱلَّذِينَ أَنْعَمَ ٱللَّهُ عَلَيْهِم مِّنَ ٱلنَّبِيِّـۧنَ وَٱلصِّدِّيقِينَ وَٱلشُّهَدَآءِ وَٱلصَّٰلِحِينَ وَحَسُنَ أُوْلَٰٓئِكَ رَفِيقًا

"Quiconque obéit à Allah et au Messager... Ceux-là seront avec ceux qu'Allah a comblé de Ses bienfaits : les Prophètes, les véridiques, les martyrs, et les pieux. Et quels compagnons que ceux-là !" (S4/v69)

- **Expliquer le Coran par la Sounna :**

Quand on ne trouve pas l'interprétation du Coran dans ses propres versets, on se tourne vers les ḥadiths et les récits authentiques et sûrs de la Sounna car ils explicitent le Coran et l'éclairent. En effet, Dieu dit :

هُوَ ٱلَّذِى بَعَثَ فِى ٱلْأُمِّيِّـۧنَ رَسُولًا مِّنْهُمْ يَتْلُواْ عَلَيْهِمْ ءَايَـٰتِهِۦ وَيُزَكِّيهِمْ وَيُعَلِّمُهُمُ ٱلْكِتَـٰبَ وَٱلْحِكْمَةَ وَإِن كَانُواْ مِن قَبْلُ لَفِى ضَلَـٰلٍ مُّبِينٍ

« C'est Lui Qui a envoyé aux illettrés un Messager parmi eux qui leur récite Ses versets, les purifie et leur enseigne le Livre et la Sagesse, bien qu'ils étaient auparavant dans un égarement évident. » (S2/v2)

Exemple d'exégèse du Coran par la Sounna : concernant la définition du Kawthar dans la parole du Très Haut « Nous t'avons donné le Kawthar », Aḥmad et Muslim rapportent d'après Anas que le Prophète (paix et les bénédictions de Dieu sur lui) dit : « Le Kawthar est un fleuve que Dieu m'a octroyé dans le Paradis ».

- **Expliquer le Coran par les propos des Compagnons :**

Si nous ne trouvons pas d'éléments d'interprétation dans le Coran ni dans la Sounna et les hadiths du Prophète (paix et bénédiction de Dieu sur lui), nous nous tournons vers les narrations authentiques provenant des Compagnons (que Dieu les agrée) car ils connaissaient mieux que nous l'interprétation du Coran. En effet, le Prophète leur explicita les thématiques du Coran [ma`ânî al-qur'ân] et leur expliqua son ensemble et éclaircit les éventuelles difficultés. On relate que `Urwah Ibn Az-Zubayr, le neveu de `Aïshah l'interrogea au sujet du verset « Et si vous craignez de n'être pas équitables envers les orphelines... Il est permis d'épouser deux, trois ou quatre, parmi les femmes qui vous plaisent » (S4/v3). Elle lui répondit : « Ô neveu, la jeune femme grandissait chez son tuteur et partageait sa fortune. Puis la beauté de la femme et sa fortune plaisait au tuteur alors il cherchait à l'épouser sans lui verser la dot qu'elle mérite c'est-à-dire la dot que lui offrirait un tiers. Ceci fut interdit à moins que le tuteur ne fît preuve d'équité et offrît à la jeune femme ce qu'elle méritait de mieux. A défaut, on ordonna aux hommes de prendre épouse ailleurs (parmi les femmes non orphelines) ». (Rapporté par Boukhari)

- **Expliquer le Coran par les propos des Successeurs (Tabi'in) :**

Les savants divergent sur le statut des interprétations faites par les Successeurs. (Est un Successeur celui qui rencontra un Compagnon tout en étant croyant, qu'il l'ait écouté ou non, et quelle que soit la durée de leur rencontre). Certains considèrent qu'elles font partie des traditions car il est fort probable qu'ils les tenaient des Compagnons (que Dieu les agrée). D'autres les considèrent comme une interprétation personnelle et une exégèse par l'opinion et l'effort intellectuel et ce, à cause de leurs divergences beaucoup plus fréquentes que celles des Compagnons. L'opinion la plus juste consiste à dire que ce qui fit l'unanimité des Successeurs fait autorité car ils le tiennent des Compagnons, alors que pour les points où ils divergèrent, l'opinion des uns ne vaut pas plus que celles des autres, ni plus que celles des générations suivantes. Dans ce cas, il appartient à l'exégète de recourir aux voies et aux moyens permettant de trouver la bonne interprétation.

L'explication du Coran par les spécialistes de l'exégèse :
Lorsqu'un exégète recours à son interprétation personnelle, c'est qu'il a recherché et exploré toutes les sources du « Tafsir ». C'est à la lumière des fondements religieux et de ses textes, de ses principes généraux et de ses finalités, puis aussi à la lumière de la langue arabe, qu'il élucide un verset du Coran.

Les outils de l'exégète pour expliquer le Coran

Les sciences du Coran

- <u>Les règles de récitation</u> : le spécialiste de l'exégèse doit être un connaisseur des différentes règles de récitations et des différentes variantes de lectures car parfois, certains compagnons ou Suiveurs ont rapportés une exégèse d'un verset avec une lecture spéciale à d'autres.

- <u>Le mecquois et le médinois</u> : l'exégète doit posséder une fine connaissance des versets dit « mecquois » et des versets dit « médinois » car, cette connaissance est indispensable pour connaître la chronologie de la révélation et pour savoir si un verset a été abrogé par un autre.

- <u>Les causes de la révélation :</u> cela permet de savoir où et quand, puis surtout, pourquoi un verset fut révélé. En quelle occasion particulière est-il descendu ? Ainsi, l'exégète a plus de profondeur dans sa compréhension et dans l'explication d'un verset.

- L'abrogeant et l'abrogé : cette science est indispensable pour savoir si la portée juridique d'un verset ou de son enseignement sont toujours recevables.

Les sciences du Hadith

- Connaissance de l'étude des chaines de transmission : la plupart des explications du Coran proviennent soit des propos du Prophète (paix et bénédiction de Dieu sur lui), soit des propos des compagnons. Or, il faut toujours avoir à l'esprit l'importance de la vérification de l'information rapportée. Le meilleur moyen pour ce faire, est l'étude des chaines de transmission.

- Connaissance des méthodes d'authentification du Hadith : l'exégète doit connaitre les différentes méthodes d'authentification d'un hadith ou d'une narration, afin de rejeter toute éventuelle information faible ou inventée.

- Connaissance de la terminologie du Hadith : c'est la discipline qui traite de toutes les techniques utilisées par un savant du hadith, pour rendre un Hadith accepté ou rejeté.

La langue arabe

- <u>La grammaire</u> : c'est une connaissance incontournable pour l'exégète. Le Coran est une révélation en langue arabe, d'où la nécessité d'être instruit dans cette langue. La grammaire, principale sujet de la langue arabe se divise en deux grandes parties :
    1. L'étude de la composition d'une phrase
    2. L'étude détaillée de chaque mot composant une phrase, afin de déterminer son rôle et son origine.

- <u>L'art d'exposer</u> : c'est une science qui vise à exposer l'éloquence parfaite et la clarté sublime du Noble Coran.

- <u>Les mots rares du Coran :</u> Quand on étudie le Coran dans son texte originel arabe, il faut d'abord comprendre le sens que ce terme possède en langue arabe. Or certains mots présents dans le texte du Coran sont dits : rare d'utilisation (غريب). C'est ce qu'on appelle : les mots rares d'utilisation, présents dans le texte du Coran (غريب القرآن). Il faut alors chercher à découvrir leur sens.

La Sîra : étude de la vie du Prophète (paix et bénédiction de Dieu sur lui)

- Connaitre sa vie d'une manière chronologique : cela permet de différencier les versets révélés à La Mecque et ceux révélés à Médine. De plus, la Sîra permet souvent de connaitre la cause de révélation d'un verset.

- Connaitre les enseignements des évènements importants : pour l'exégète, cette approche de la Sîra lui permettra de donner des orientations concernant les sagesses à tirer d'un verset.

La jurisprudence

- Les règles des adorations : l'exégète se doit d'être un spécialiste du « Fiqh al'ibadât » afin, de pouvoir expliquer et extirper les règles d'adorations se trouvant dans le Coran.

- Les règles des relations sociales : pareillement, il doit maîtriser le « fiqh al mou'amalât » afin de pouvoir expliquer et extirper les règles des relations sociales, telles que le mariage, le commerce, l'héritage…

- <u>L'histoire de la législation :</u> cette science permet de connaitre les étapes principales de la descente du Coran durant 23 années. Elle permet aussi de comprendre les différents contextes de la révélation ainsi que l'évolution et les fondements de cette dernière.

- <u>Les fondements du droit :</u> l'exégète doit être un connaisseur des fondements du droit musulman, pour déceler quels versets sont généraux et quels versets sont spécifiques. Mais aussi pour savoir quels versets sont clairs et quels versets sont équivoques. Enfin, cela lui permet aussi de pouvoir déceler les finalités de la législation à travers le Coran.

Exégètes et exégèses célèbres

Exégètes célèbres :

Parmi les compagnons : Abou Bakr, 'Omar, 'Othmân, 'Alî, Ibn Mass'oud, Ibn 'Abbas, Oubey ibn Ka'b, Zayd ibn Thabit, Abou Moussa Al Ach'arî, 'Abdoullah ibn Zoubayr, Anâs ibn Mâlik, 'Abdoullâh ibn 'Omar, Jâbir ibn 'Abdillâh, 'Abdoullâh ibn 'Amr ibn Al'As, 'Aicha…

Parmi les Successeurs :

- *Les élèves d'Ibn 'Abbas à La Mecque :* Sa'îd ibn Joubayr, Moujahid, 'Ikrima, 'Atâ ibn Rabah.
- *Les élèves d'Oubay ibn Ka'b à Médine :* Zeyd ibn Aslam, Abou Al'Aliya, Mohammed ibn Ka'b.
- *Les élèves d'Ibn Mass'oud en Irak :* 'Alqama ibn Qays, Masrouq, Al Aswad ibn Zayd, Al Hassân Al Basri, Qâtada
- *Parmi les anciens :* Ibn Kathîr, Tabârî, Al Qourtoubî, Ar-Râzî, Ibn 'Attyia, As-Souyoûtî et Zamakhsharî.
- *Parmi les contemporains :* Ibn 'Ashour, Mohammed Shinqiti et Muhammad Mitwallî Cha'râwi.

Exégèses célèbres :

- **« Jami' al bayan fî tafsîr al Qour-ân »** : c'est le Tafsîr de l'imam Tabârî. C'est une exégèse complète, tant au niveau des avis rapportés, que des chaines de narrations en passant par l'analyse juridique et linguistique. Ce Tafsîr est considéré comme le meilleur par les Savants.

- **« Tafsîr al Qour-ân al 'Azîm »** : c'est le Tafsîr du grand Savant Ibn Kathîr. Cette exégèse est sans aucun doute la plus célèbre. Dans son Tafsîr, Ibn Kathîr met toute son érudition de spécialiste du Hadith et d'historien. La recherche de l'authenticité dans tout ce qu'il rapporte est une marque spéciale de son exégèse.

- **« Al Kashaf »** : c'est le Tafsîr du Savant Zamakhcharî. Son exégèse est considérée comme la meilleure en matière d'analyse linguistique. Toutefois, il utilise son Tafsîr pour appuyer les idéologies de la secte des « Mou'tazilites » [1] à laquelle il adhère.

---

[1] Les « Mou'tazilites » sont les partisans d'une secte dont l'idéologie est fondée sur l'utilisation excessive de la raison. C'est pourquoi, ils ont rejeté certains textes et principes fondamentaux de l'islam.

Commentaire de la sourate « Les Appartements »

Présentation :

La sourate « les appartements » est la 49 ème sourate du Coran et la 108 ème à avoir été révélée.
Elle contient 18 versets et elle est une sourate médinoise.
Elle est surnommée « la sourate des nobles comportements » (سُورَةُ الأَخْلاقِ)
Elle tire son nom du verset n°4[1].

Principaux thèmes :

L'éthique et la morale
- L'attitude pleine de politesse et d'honneur que le croyant doit avoir envers le Prophète (paix et bénédiction de Dieu sur lui)

- La vérification des informations et des sources avant toute diffusion
- Le danger de mépriser autrui et l'importance d'être humble
- La bonne opinion que le croyant doit s'efforcer d'avoir envers les autres et l'interdiction d'espionner autrui

La fraternité religieuse
- La fraternité doit permettre d'éteindre le feu des conflits au sein de la communauté

L'égalité universelle
- Tous les hommes sont égaux
- Bannissement du racisme
- Exposition du véritable critère d'évaluation des individus

La croyance
- Le respect que le croyant doit adopter vis-à-vis de Dieu et de Son Messager (paix et bénédiction de Dieu sur lui)
- Éclaircissement de la foi sincère et véritable
- L'omniscience de Dieu

---

[1] « Ceux qui t'appellent à haute voix de derrière les appartements, la plupart d'entre eux ne raisonnent pas ». (Sourate 49/v3)

Verset 1

يَـٰٓأَيُّهَا ٱلَّذِينَ ءَامَنُوا۟ لَا تُقَدِّمُوا۟ بَيْنَ يَدَىِ ٱللَّهِ وَرَسُولِهِۦ وَٱتَّقُوا۟ ٱللَّهَ إِنَّ ٱللَّهَ سَمِيعٌ عَلِيمٌ

« Ô vous qui avez cru ! Ne devancez pas Allah et Son messager. Et craignez Allah. Allah est Audient et Omniscient. »

Causes de révélation :

Il y a environ 6 causes de révélations rapportées concernant ce verset [1] :

- Les Bani Tamim sont venu à médine pour rencontrer le Prophète (paix et bénédiction de Dieu sur lui) et lui prêter allégeance. Abou Bakr dit au Prophète (paix et bénédiction de Dieu sur lui) : « met leur comme chef Qa'qa' » et 'Omar de dire : « met plutôt Al Aqla' ». Abou Bakr et 'Omar se disputèrent jusqu'à élever la voix en présence du Prophète (paix et bénédiction de Dieu sur lui), c'est alors que ce verset et les suivants furent révélés.

- Le Prophète (paix et bénédiction de Dieu sur lui) avait désigné un homme de Médine pour partir à Khaybar et 'Omar lui aurait dit : « choisis plutôt untel ».
- Le Prophète (paix et bénédiction de Dieu sur lui) avait envoyé 24 de ses compagnons en expédition chez les Bani 'Amir. Ils les tuèrent sauf 3 qui embrassèrent l'islam. Ensuite en chemin, ils tuèrent 2 hommes des Bani Soulaym. On rapporta la chose au Prophète (paix et bénédiction de Dieu sur lui) et le verset fut révélé.
- Des gens auraient sacrifié leurs bêtes avant que le Prophète (paix et bénédiction de Dieu sur lui) n'ait effectué la prière de la fête du sacrifice.
- Des gens seraient venus voir le Prophète (paix et bénédiction de Dieu sur lui) en disant : « si seulement il avait été révélé ceci ou cela ».
- Il a été rapporté que 'Aicha avait jeûné un jour et le Prophète (paix et bénédiction de Dieu sur lui) lui aurait dit de ne pas jeûner ce jour-là.

Commentaire :

« يَٰٓأَيُّهَا ٱلَّذِينَ ءَامَنُوٓاْ » / « Ô vous qui avez cru ! » :
- Le premier verset commence par une interpellation. Elle a pour but d'attirer l'attention de celui qui écoute et d'indiquer le caractère important de l'information qui va être transmise.
- Dieu, interpelle les musulmans par un qualificatif louable et gratifiant : celui de la foi [2].

« لَا تُقَدِّمُوا بَيْنَ يَدَيِ ٱللَّهِ وَرَسُولِهِ » / « **Ne devancez pas Allah et Son messager** ».

- Dieu emploi la négation suivie d'un verbe à l'impératif : « lâ touqaddimoû ». Lorsque Dieu s'exprime ainsi, c'est qu'il interdit une chose.
- Le verset indique que le croyant ne doit pas prendre de décisions, ni s'engager à pratiquer une chose, sans avoir au préalable, pris des informations sur ce que dit la législation divine à ce sujet [3].
- Ce verset incite à adopter une attitude respectueuse et pleine de révérence envers Dieu et Son Messager (paix et bénédiction de Dieu sur lui).

« وَٱتَّقُوا ٱللَّهَ » / « **Et craignez Allah** » :

- « Taqwa [4] » : ce mot provient du verbe « waqâ » (وَقَى) qui veut dire : protéger, prémunir ou encore prendre des précautions. Un dérivé de ce verbe est « ittaqi » (اتَّقِ). Lorsque les mots « Taqwa » ou l'injonction « ittaqi » sont collés au nom de Dieu, ils prennent le sens de : prendre des précautions pour éviter la colère de Dieu et Son châtiment.
- La « Taqwa » réside dans le cœur et seul Dieu connait la véritable piété d'un individu :

عن أبي هريرة رضي الله عنه قال: قال رسول الله صلى الله عليه وسلم التقوى هاهنا – ويشير إلى صدره ثلاث مرات

D'après Abû Hourayra, l'Envoyé d'Allah (paix et bénédiction de Dieu sur lui) a dit : « La piété est ici (désignant sa poitrine trois fois) ». (Rapporté par Mouslim).

« إِنَّ ٱللَّهَ سَمِيعٌ عَلِيمٌ » / « **Allah est Audient et Omniscient** » :
- Ce verset se termine par deux attributs divins : l'Ouïe et la Science.
- Dieu a combiné Ses deux attributs afin d'intensifier l'éloquence, et afin d'exclure toute imperfection [5].

---

[1] Al Qourtoubî dit dans son exégèse : « il y a divergence concernant les causes de révélation de ce verset, il y a 6 paroles différentes à ce sujet ».

[2] Tabarî dit dans son exégèse : « Dieu dit {**ô vous qui avez cru**} dans le sens : ô vous qui avez accepté l'unicité de Dieu et la prophétie de Mouhammed (paix et bénédiction de Dieu sur lui) ».

[3] Ibn Kathîr dit dans son exégèse : « la bonne attitude vis-à-vis de la législation se trouve dans le Hadith où le Prophète (paix et bénédiction de Dieu sur lui) envoie Mou'adh au Yemen et lui dit : « par quoi vas-tu juger les gens ? ». Il répond : « par le livre de Dieu ». Il lui dit : « et si tu ne trouves pas ? » Mou'adh répond : « par la Sounna du Messager de Dieu (paix et bénédiction de Dieu sur lui) … » (Rapporté par Abou Daoud, Tirmidhi, Ibn Majah et Ahmed).

[4] Le Calife 'Omar ibn 'Abd el'Aziz disait : « la *Taqwa* ne consiste pas à jeûner le jour ou prier la nuit, ou encore à mêler la prière et le jeûne, mais elle consiste plutôt à délaisser ce que Dieu a interdit et à accomplir ce qu'Il a prescrit. Après cela, toute bonne action est un bien sur un bien » (Rapporté par Ibn Rajab).

[5] Tabarî dit dans son exégèse concernant l'explication de ces deux noms combinés : « Certes Dieu entend ce que vous dites et il sait ce que vous recherchez par vos paroles quand elles sont dites.

Rien de ce qui se trouve au plus profond de vos poitrines, ne peut échapper à Dieu ».

Verset 2

يَـٰٓأَيُّهَا ٱلَّذِينَ ءَامَنُوا۟ لَا تَرْفَعُوٓا۟ أَصْوَٰتَكُمْ فَوْقَ صَوْتِ ٱلنَّبِىِّ وَلَا تَجْهَرُوا۟ لَهُۥ بِٱلْقَوْلِ كَجَهْرِ بَعْضِكُمْ لِبَعْضٍ أَن تَحْبَطَ أَعْمَـٰلُكُمْ وَأَنتُمْ لَا تَشْعُرُونَ

> Ô vous qui avez cru ! N'élevez pas vos voix au-dessus de la voix du Prophète, et ne haussez pas le ton en lui parlant, comme vous le haussez les uns avec les autres, sinon vos œuvres deviendraient vaines sans que vous vous en rendiez compte

Causes de révélation :

- La cause de révélation de ce verset a déjà été mentionnée précédemment. C'est lorsqu'Abou Bakr et 'Omar élevèrent la voix en présence du Prophète (paix et bénédiction de Dieu sur lui) et se disputèrent concernant la désignation du chef des Bani Tamîm.
- Une autre cause de révélation est avancée : les Banou Tamîm arrivèrent à Médine et se dirigèrent vers les

appartements du Prophète (paix et bénédiction de Dieu sur lui). Là, ils l'interpelèrent à haute voix en l'appelant par son prénom.

Commentaire :

« يَٰٓأَيُّهَا ٱلَّذِينَ ءَامَنُوٓاْ » / « Ô vous qui avez cru ! » :
Nous avons déjà expliqué cette phrase dans le commentaire du verset 1. Cette interpellation de la part de Dieu est répétée 5 fois dans toute la sourate.

« لَا تَرْفَعُوٓاْ أَصْوَٰتَكُمْ فَوْقَ صَوْتِ ٱلنَّبِيِّ » / « N'élevez pas vos voix au-dessus de la voix du Prophète » :
- Ce passage nous enseigne le comportement à adopter en présence du Messager (paix et bénédiction de Dieu sur lui).
- Dieu utilise une métaphore pour nous enseigner l'interdiction d'élever la voix en présence du Prophète (paix et bénédiction de Dieu sur lui). En effet, la voix est comparée à une chose matérielle qui peut être placée en hauteur.
- Cette règle tirée de ce verset est valable du vivant du Prophète (paix et bénédiction de Dieu sur lui), comme après sa mort [1].

« وَلَا تَجْهَرُواْ لَهُۥ بِٱلْقَوْلِ كَجَهْرِ بَعْضِكُمْ لِبَعْضٍ أَن تَحْبَطَ أَعْمَٰلُكُمْ وَأَنتُمْ لَا تَشْعُرُونَ » / « et ne haussez pas le ton en lui parlant, comme vous le haussez les uns avec les autres, sinon vos œuvres deviendraient vaines sans que vous vous en rendiez compte » :

- Cette partie du verset indique principalement la manière de parler, lorsqu'on s'adresse au Prophète [2] (paix et bénédiction de Dieu sur lui).
- Le Noble Messager (paix et bénédiction de Dieu sur lui) à une place particulière auprès de Dieu et des croyants, bien qu'il soit l'exemple de l'humilité totale. La marque d'honneur et de respect s'impose en sa présence ou lorsqu'on le mentionne.
- Le manque de respect envers le Prophète (paix et bénédiction de Dieu sur lui) est une cause de perdition et d'égarement.
- Il est possible d'être dans l'erreur et la mauvaise voie, et de ne pas s'en rendre compte.

---

[1] Ibn Kathîr dit dans son exégèse : « les savants disent qu'il est réprouvé d'élever la voix près de la tombe du Prophète (paix et bénédiction de Dieu sur lui) comme il est réprouvé d'élever la voix de son vivant, car son honorabilité est permanente, qu'il soit vivant ou mort ».

[2] Chawkâni dit dans son exégèse : « **et ne haussez pas le ton en lui parlant, comme vous le haussez les uns avec les autres** » cela veut dire : « ne dites pas ô Mohammed, ô Ahmed ! Mais dites plutôt ô Prophète, ô Messager d'Allah, et soyez respectueux face à lui ».

Verset 3

إِنَّ ٱلَّذِينَ يَغُضُّونَ أَصْوَاتَهُمْ عِندَ رَسُولِ ٱللَّهِ أُوْلَٰٓئِكَ ٱلَّذِينَ ٱمْتَحَنَ ٱللَّهُ قُلُوبَهُمْ لِلتَّقْوَىٰۚ لَهُم مَّغْفِرَةٌ وَأَجْرٌ عَظِيمٌ

> Ceux qui auprès du Messager d'Allah baissent leurs voix sont ceux dont Allah a éprouvé les cœurs pour la piété. Ils auront un pardon et une énorme récompense.

Commentaire :

« إِنَّ ٱلَّذِينَ يَغُضُّونَ أَصْوَاتَهُمْ عِندَ رَسُولِ ٱللَّهِ » / « **Ceux qui auprès du Messager d'Allah baissent leurs voix** » :

- Cette partie du verset est une image employée par Dieu pour attirer l'attention. Le terme « yaghouddoûna » يَغُضُّونَ s'utilise pour le regard qui s'abaisse par humilité et crainte.
- Il est rapporté qu'après la descente du verset لَا تَرْفَعُوٓاْ أَصْوَاتَكُمْ فَوْقَ صَوْتِ ٱلنَّبِيِّ « **N'élevez pas vos voix au-dessus de la voix du Prophète** », Abou Bakr et 'Omar ne s'adressaient

au Prophète (paix et bénédiction de Dieu sur lui) seulement, à la manière dont on transmet un secret. C'est alors que fut révélé : إِنَّ ٱلَّذِينَ يَغُضُّونَ أَصْوَٰتَهُمْ عِندَ رَسُولِ ٱللَّهِ » **« Ceux qui auprès du Messager d'Allah baissent leurs voix… »** [1].

« أُو۟لَـٰٓئِكَ ٱلَّذِينَ ٱمْتَحَنَ ٱللَّهُ قُلُوبَهُمْ لِلتَّقْوَىٰ » / « **voilà ceux dont Allah a éprouvé les cœurs pour la piété** » :
- Les épreuves de Dieu ont pour objectif de purifier les cœurs [2].
- Dans ce verset l'épreuve est liée au comportement et plus particulièrement envers le Prophète (paix et bénédiction de Dieu sur lui).
- La « Taqwa » ou piété réside dans le cœur et seul Dieu y a accès.

« لَهُم مَّغْفِرَةٌ وَأَجْرٌ عَظِيمٌ » / « **Ils auront un pardon et une énorme récompense.** » :
- Ceux qui s'efforcent d'adopter un bon comportement de manière générale et plus spécifiquement envers le Prophète (paix et bénédiction de Dieu sur lui) puis, qui réussissent les épreuves de Dieu, ils sont ceux qui réussissent dans l'au-delà.
- La pédagogie Divine dans l'encouragement de la pratique des bonnes œuvres. Dieu a allié Son Pardon à une récompense immense, bien que Son Pardon soit suffisant.

[1] Al Qourtoubî rapporte dans son exégèse : « Abou Hourayra a dit : lorsque fut révélé **« n'élevez pas vos voix… »** Abou Bakr avait dit « je jure par Dieu de ne plus élever la voix (devant le Prophète) sauf comme un frère qui dit un secret ». 'Abdallah ibn Zoubayr a dit : quand fut révélé **« n'élevez pas vos voix… »** 'Omar ne s'adressait au Prophète (paix et bénédiction de Dieu sur lui) que d'une façon dont on ne pouvait l'entendre ni le comprendre, alors fut révélé : **« Ceux qui auprès du Messager d'Allah baissent leurs voix »**.

[2] Chawkâni rapporte dans son exégèse : « Al Farâ a dit : « la purification du cœur par la piété, est comme l'épreuve du feu pour l'or. Il en est extrait le meilleur alors que le mauvais disparait ».

Verset 4

إِنَّ ٱلَّذِينَ يُنَادُونَكَ مِن وَرَآءِ ٱلْحُجُرَاتِ أَكْثَرُهُمْ لَا يَعْقِلُونَ

Ceux qui t'appellent à haute voix de derrière les appartements, la plupart d'entre eux ne raisonnent pas.

Causes de révélation :

2 causes de révélations sont avancées pour ce verset :
- Les Bani Tamîm entrèrent dans Médine à l'heure de la sieste. Ils pénétrèrent dans la mosquée, puis, devant les appartements du Prophète (paix et bénédiction de Dieu sur lui) ils l'appelèrent à haute voix, d'une manière familière : « ô Mouhammed ! ô Mouhammed !».
- Un homme appela le Prophète (paix et bénédiction de Dieu sur lui) de derrière ses appartements en criant et en prononçant des paroles non appropriées [1].

Commentaire :

« إِنَّ ٱلَّذِينَ يُنَادُونَكَ مِن وَرَآءِ ٱلْحُجُرَاتِ » / « **Ceux qui t'appellent à haute voix de derrière les appartements** » :

- Ce passage est dans la continuité des précédents concernant l'attitude respectueuse à adopter envers le Prophète (paix et bénédiction de Dieu sur lui).
- L'intimité de chacun doit être respectée. Notamment, lors de certains moments particuliers.
- A travers ce verset il y a une indication subtile concernant la modestie du Prophète (paix et bénédiction de Dieu sur lui). Cela est déduit à partir du mot « al houjourât » /الْحُجُرَات (les appartements).

« أَكْثَرُهُمْ لَا يَعْقِلُونَ » / « **la plupart d'entre eux ne raisonnent pas** » :

- Dieu n'inclut pas l'ensemble des Bani Tamîm mais, la majorité d'entre eux, car ils n'ont pas tous agit d'une mauvaise manière [2].
- Dieu fait référence à la réflexion et au bon sens qui doivent permettre aux croyants de reconnaître, dans les valeurs comportementales, ce qui est bon de ce qui est mauvais.

---

[1] Al Mâwardi dit dans son exégèse : « il y a divergence sur la cause de révélation de ce verset. Qatâda rapporte qu'un homme est venu voir le Prophète (paix et bénédiction de Dieu sur lui) en

l'interpellant avec des propos inconvenables. Yazid ibn Arqam rapporte que la cause de révélation de ce verset est la venue des Bani Tamîm ».

[2] Ibn 'Achour dit dans son exégèse : « Dieu dit **« la plupart d'entre eux ne raisonnent pas »** car ils n'ont pas tous appelé le Prophète (paix et bénédiction de Dieu sur lui) ».

Verset 5

وَلَوْ أَنَّهُمْ صَبَرُواْ حَتَّىٰ تَخْرُجَ إِلَيْهِمْ لَكَانَ خَيْرًا لَّهُمْۚ وَٱللَّهُ غَفُورٌ رَّحِيمٌ

Et s'ils patientaient jusqu'à ce que tu sortes à eux ce serait certes mieux pour eux. Allah cependant, est Pardonneur et Miséricordieux.

Commentaire :

« وَلَوْ أَنَّهُمْ صَبَرُواْ حَتَّىٰ تَخْرُجَ إِلَيْهِمْ لَكَانَ خَيْرًا لَّهُمْ » / « **Et s'ils patientaient jusqu'à ce que tu sortes à eux ce serait certes mieux pour eux** » :

- Par le biais de ce passage, Dieu indique la bonne manière qu'aurait dû adopter les Bani Tamîm.
- La vertu de la patience, qui permet de tendre vers les bonnes manières.
- La suggestion de la patience dans ce verset peut être liée, soit à l'obéissance non atteinte par les Bani Tamîm, soit à leur empressement d'obtenir les faveurs du Prophète (paix et bénédiction de Dieu sur lui) [1].

« وَٱللَّهُ غَفُورٌ رَّحِيمٌ » / « **Allah cependant, est Pardonneur et Miséricordieux** » :

- Dieu cite 2 de Ses Noms parfaits, afin d'accentuer l'éloquence et les effets de Son Pardon et Sa Miséricorde.
- Ces deux noms sont très souvent cités ensemble dans le Coran. Parfois, la Miséricorde est citée avant le Pardon [2].
- La pédagogie Divine indique l'erreur puis la corrige, pour enfin pardonner lorsque la faute est comprise, et lorsque la réprimande est acceptée.

---

[1] Al Mâwardi dit dans son exégèse : « « **Et s'ils patientaient jusqu'à ce que tu sortes à eux ce serait certes mieux pour eux** » ce passage à deux façons d'être compris : la première, ils auraient dû faire preuve d'un bon comportement, empreint d'obéissance envers Dieu et Son Messager (paix et bénédiction de Dieu sur lui). La deuxième, ils auraient dû attendre avant de venir réclamer la libération contre rançon des prisonniers de leur tribu, car le Prophète (paix et bénédiction de Dieu sur lui) détenait effectivement des prisonniers parmi eux. Ils auraient alors obtenu leur libération sans rançon ».

[2] Ar-Râzî dit dans son exégèse : « parfois la Miséricorde se trouve après le Pardon et parfois avant. En revanche, lorsque la Miséricorde est qualifiée de large, elle se trouve avant le Pardon ».

Verset 6

يَـٰٓأَيُّهَا ٱلَّذِينَ ءَامَنُوٓا۟ إِن جَآءَكُمْ فَاسِقٌۢ بِنَبَإٍ فَتَبَيَّنُوٓا۟ أَن تُصِيبُوا۟ قَوْمًۢا بِجَهَـٰلَةٍ فَتُصْبِحُوا۟ عَلَىٰ مَا فَعَلْتُمْ نَـٰدِمِينَ

> Ô vous qui avez cru ! Si un pervers vous apporte une nouvelle, voyez bien clair [de crainte] que par inadvertance vous ne portiez atteinte à des gens et que vous ne regrettiez par la suite ce que vous avez fait.

Causes de révélation :

Il y a beaucoup de variantes concernant les causes de révélation de ce verset. Toutefois, 3 versions reviennent le plus souvent. De plus, toutes se rejoignent sur l'identité des Bani al Moustaliq [1].

- Première version : le Prophète (paix et bénédiction de Dieu sur lui) envoya Walîd ibn 'Ouqba récolter la zakât auprès de la tribu des Bani Al Moustaliq. Ces derniers, ne voyant pas arriver Walîd prirent leurs armes pour protéger la Zakât et sortirent pour le rencontrer sur le chemin. En arrivant,

Walîd, voyant les Bani Moustaliq armés, prit peur et se souvint de l'animosité qu'il y avait entre eux et sa tribu (à l'époque de la « jahaliya »). Il opéra un demi-tour, pensant qu'ils voulaient le tuer. Il rentra à Médine et informa le Prophète (paix et bénédiction de Dieu sur lui) qui à son tour, envoya Khâlid ibn Al Walîd vérifié l'information. Il les trouva pratiquant la prière, alors il en informa le Prophète (paix et bénédiction de Dieu sur lui) et le verset fut révélé.
- Deuxième version : Quand les Bani Al Moustaliq virent Walîd ibn 'Ouqba retourner sur ses pas, ils allèrent eux-mêmes rencontrer le Prophète (paix et bénédiction de Dieu sur lui) pour lui expliquer la situation.
- Troisième version : lorsque les Bani al Moustaliq arrivèrent à Médine, ils trouvèrent l'armée prête à se rendre chez eux pour les combattre.

Commentaire :

« يَٰٓأَيُّهَا ٱلَّذِينَ ءَامَنُوٓاْ » / « Ô vous qui avez cru ! » :
C'est la troisième interpellation de la part de Dieu dans cette sourate.

« إِن جَآءَكُمْ فَاسِقٌۢ بِنَبَإٍ فَتَبَيَّنُوٓاْ » / « **Si un pervers vous apporte une nouvelle, voyez bien clair** » :
- Cette partie du verset recommande de bien vérifier les informations avant de les transmettre, car celles-ci peuvent être fausses ou mensongères.

- Ce verset renferme un fondement pour l'application de la justice par les juges dans les tribunaux.
- Il renferme également un fondement pour les disciplines religieuses que sont le « droit » (fiqh) et la transmission de la tradition prophétique (hadith).
- Le terme « fâsiq » / فَاسِقٌ est employé par Dieu de manière générale, sans désigner une personne précisément. Donc, on ne peut pas affirmer que Walîd ibn 'Ouqba est un pervers [2].

« **que par inadvertance vous ne portiez atteinte à des gens et que vous ne regrettiez par la suite ce que vous avez fait** » / « أَن تُصِيبُواْ قَوْمًا بِجَهَٰلَةٍ فَتُصْبِحُواْ عَلَىٰ مَا فَعَلْتُمْ نَٰدِمِينَ » :

- Cette partie du verset indique les conséquences que peuvent causer la propagation de fausses informations.
- La formule employée par Dieu laisse à penser que ceux qui commettent cet acte odieux (propagation d'informations mensongères), peuvent regretter de manière continue leur mauvaise action.
- L'ignorance est soulignée comme une cause du mal pratiqué envers autrui. C'est pourquoi, le savoir permet d'éviter de tomber dans la gravité des actes, issus de l'ignorance [3].

---

[1] Ibn Kathîr dit dans son exégèse : « beaucoup d'exégètes ont mentionné que la révélation de ce verset est liée à Walîd ibn 'Ouqba ibn Mou'it lorsqu'il fut envoyé par le Prophète (paix et bénédiction de Dieu sur lui) pour récolter la Zakât auprès des Bani Al Moustaliq.

Ceci est rapporté par de multiples voies de transmission mais la plus fiable est celle rapportée par l'Imam Ahmed dans son Mousnad selon Al Hârith ibn Dirar ».

[2] Al Khalwâtî (As-Sâwî) dit dans son commentaire de la célèbre exégèse « Tafsîr Al-jalâlayn »: « le but de ce verset est de dénoncer le colporteur de médisance, le calomniateur, car certes, le colporteur de médisance, le calomniateur, est un pervers. Le but de ce verset n'est pas de dénoncer spécifiquement Al Walîd ibn 'Ouqba. Ce dernier n'est pas un pervers car il est un compagnon honorable. C'est une étrangeté que de tomber dans cela (accuser Al Walîd de pervers) ».

[3] Selon Jâbir ibn 'Abdillah, le Prophète (paix et bénédiction de Dieu sur lui) a dit : « ... le remède contre l'ignorance est le fait d'interroger (les gens qui savent) ». (Rapporté par Abou Daoud n°336)

Verset 7

وَٱعْلَمُوٓاْ أَنَّ فِيكُمْ رَسُولَ ٱللَّهِ ۚ لَوْ يُطِيعُكُمْ فِى كَثِيرٍ مِّنَ ٱلْأَمْرِ لَعَنِتُّمْ وَلَـٰكِنَّ ٱللَّهَ حَبَّبَ إِلَيْكُمُ ٱلْإِيمَـٰنَ وَزَيَّنَهُۥ فِى قُلُوبِكُمْ وَكَرَّهَ إِلَيْكُمُ ٱلْكُفْرَ وَٱلْفُسُوقَ وَٱلْعِصْيَانَ ۚ أُوْلَـٰٓئِكَ هُمُ ٱلرَّٰشِدُونَ

Et sachez que le Messager d'Allah est parmi vous. S'il vous obéissait dans maintes affaires, vous seriez en difficultés. Mais Allah vous a fait aimer la foi et l'a embellie dans vos cœurs et vous a fait détester la mécréance, la perversité et la désobéissance. Ceux-là sont les biens dirigés

Commentaire :

« وَٱعْلَمُوٓاْ أَنَّ فِيكُمْ رَسُولَ ٱللَّهِ » / « Et sachez que le Messager d'Allah est parmi vous » :

- Dieu interpelle d'une manière différente dans ce verset. Ce n'est plus un appel à écouter pour prendre connaissance, c'est plutôt un appel à comprendre en profondeur.

- L'importance du savoir est mise en avant par Dieu dans ce verset. C'est en quelque sorte une réponse à l'ignorance mentionnée dans le verset précédent.
- Encore une fois, l'honorabilité du Prophète (paix et bénédiction de Dieu sur lui) et le respect qui lui sont du, sont soulignés dans ce passage [1].

« لَوْ يُطِيعُكُمْ فِى كَثِيرٍ مِّنَ ٱلْأَمْرِ لَعَنِتُّمْ » / « S'il vous obéissait dans maintes affaires, vous seriez en difficultés » :

- Dieu s'exprime au conditionnel, c'est une manière douce et sage de rappeler la conduite excessive de certains compagnons.
- Dieu ne dit pas « dans toutes les affaires » mais « dans beaucoup d'affaires ». C'est parce qu'il existe certains cas où des compagnons ont eu un avis différent du Prophète (paix et bénédiction de Dieu sur lui) qui fut confirmé par Dieu.

« وَلَٰكِنَّ ٱللَّهَ حَبَّبَ إِلَيْكُمُ ٱلْإِيمَٰنَ وَزَيَّنَهُ فِى قُلُوبِكُمْ وَكَرَّهَ إِلَيْكُمُ ٱلْكُفْرَ وَٱلْفُسُوقَ وَٱلْعِصْيَانَ » / « Mais Allah vous a fait aimer la foi et l'a embellie dans vos cœurs et vous a fait détester la mécréance, la perversité et la désobéissance » :

- Dieu rappel le bienfait immense qu'il a accordé aux croyants : l'amour de la foi et le dégoût du rejet de la croyance puis tout ce qui en découle.
- Il y a dans ce passage une distinction entre : le rejet de la foi, la perversité et la désobéissance [2].
- D'après ce passage, la foi s'embellit dans le cœur, donc cela signifie qu'elle évolue.

« أُوْلَٰٓئِكَ هُمُ ٱلرَّٰشِدُونَ » / « **Ceux-là sont les biens dirigés** » :
- Dieu accorde un qualificatif élogieux pour désigner ceux qui préfèrent la foi à la désobéissance.
- « Ar-Râchidoûn » / الرَّاشِدُون, ce mot provient du verbe « rachada » / رَشَدَ qui signifie : être dans la bonne direction, être dans le bon chemin. Ce sont donc, ceux qui ont pris le chemin de la vérité et de la droiture [3].

---

[1] Ibn Kathîr dit dans son exégèse : « **S'il vous obéissait dans maintes affaires, vous seriez en difficultés**, cela signifie que le Messager (paix et bénédiction de Dieu sur lui) est parmi vous, donc il faut l'honorer et le respecter. Il faut adopter un excellent comportement en sa présence. Il faut le prendre comme modèle dans tout ce qu'il fait car, il connait vos états et il est le plus compatissant (des hommes) envers vous. Puis, son avis sur un sujet qui vous concerne, est meilleur que votre propre avis ».

[2] Tabarânî dit dans son exégèse : « **vous a fait détester la mécréance, la perversité et la désobéissance** » cela signifie, il vous a fait mépriser ces choses-là : le rejet de la foi, la perversité qui consiste à mentir et à sortir des ordres de Dieu, et la désobéissance qui est l'ensemble des péchés ».

[3] Al Qourtoubî dit dans son exégèse : « la droiture c'est la constance sur le chemin de la vérité avec endurance et persévérance. De la droiture découle la véritable fermeté (qui permet de pas dévier) ».

Verset 8

فَضْلًا مِّنَ ٱللَّهِ وَنِعْمَةً ۚ وَٱللَّهُ عَلِيمٌ حَكِيمٌ

C'est là en effet une grâce d'Allah et un bienfait. Allah est Omniscient et Sage.

Commentaire :

« فَضْلًا مِّنَ ٱللَّهِ وَنِعْمَةً » / « c'est là en effet une grâce d'Allah et un bienfait » :

- La grâce et le bienfait exprimé dans ce verset, concerne l'amour et l'embellissement de la foi dans le cœur du croyant, ainsi que le rejet de la désobéissance.
- Dieu fait une distinction entre la grâce et le bienfait. La grâce est un surplus, une sorte de privilège, alors que le bienfait est lié au besoin dont il est difficile de se passer [1].

« وَٱللَّهُ عَلِيمٌ حَكِيمٌ » / « Allah est Omniscient et Sage » :

- Dieu mentionne deux de Ses qualités sublimes et parfaites, afin d'intensifier l'éloquence et pour fermer la porte à toute

éventuelle imperfection que l'esprit humain pourrait Lui attribuer [2].
- Dieu a connaissance de toutes choses, même ce qui se trouve au fond des poitrines.
- Dieu est Sage dans tout ce qu'il fait : dans Sa législation, dans l'application de Son autorité, dans le choix des destinées etc.…

---

[1] Ar-Râzî dit dans son exégèse : « quelle est la différence entre la grâce et le bienfait dans ce verset ? Nous disons que la grâce désigne ce qui provient directement de Dieu, c'est une faveur émanant de Lui. Le bienfait désigne ce que Dieu fait parvenir à Son serviteur pour combler ses besoins ».

[2] Le Cheikh Al 'Uthaymin dit dans son livre « **Les règles exemplaires des Noms et Attributs Divins** » : « Allah ne possède que de Beaux Noms qui sont tous à l'extrême de perfection, comme indiqué dans le Coran : « **C'est à Allah qu'appartiennent les Noms les plus Beaux. Invoquez-Le par ces Noms…** » (Coran 7 :180) / « **Dis : Invoquez Allah, ou invoquez le Tout Miséricordieux. Quel que soit le nom par lequel vous l'appelez, Il a les plus Beaux Noms…** » (Coran 17 :110) … Les Noms d'Allah incluent les Attributs qui en découlent, et dans ces Attributs, il n'y a aucune imperfection supposée ou sous-entendue ».

Verset 9

وَإِن طَآئِفَتَانِ مِنَ ٱلْمُؤْمِنِينَ ٱقْتَتَلُواْ فَأَصْلِحُواْ بَيْنَهُمَا ۖ فَإِنۢ بَغَتْ إِحْدَىٰهُمَا عَلَى ٱلْأُخْرَىٰ فَقَٰتِلُواْ ٱلَّتِى تَبْغِى حَتَّىٰ تَفِىٓءَ إِلَىٰٓ أَمْرِ ٱللَّهِ ۚ فَإِن فَآءَتْ فَأَصْلِحُواْ بَيْنَهُمَا بِٱلْعَدْلِ وَأَقْسِطُوٓاْ ۖ إِنَّ ٱللَّهَ يُحِبُّ ٱلْمُقْسِطِينَ

> **Et si deux groupes de croyants se combattent, faites la conciliation entre eux. Si l'un d'eux se rebelle contre l'autre, combattez le groupe qui se rebelle, jusqu'à ce qu'il se conforme à l'ordre d'Allah. Puis, s'il s'y conforme, réconciliez-les avec justice et soyez équitables car Allah aime les équitables**

Causes de révélation :

Il existe une divergence sur la réelle cause de révélation de ce verset [1].

- Boukhârî et Mouslim rapportent que Anas ibn Mâlik a rapporté une dispute entre le chef des hypocrites 'Abdoullah in Oubay ibn Saloûl et le noble compagnon 'Abdoullah ibn

Rawâha. Le premier avait porté atteinte au Prophète (paix et bénédiction de Dieu sur lui) qui s'était éloigné pour faire ses besoins, en lui disant : « éloigne-toi de moi ! Par Allah l'odeur de l'urine de ton âne est répugnante ! ». 'Abdoullah ibn Rawâha lui répondit alors : « Par Allah l'odeur de l'urine de l'âne du Prophète (paix et bénédiction de Dieu sur lui) est meilleure que ta propre odeur ! ». Le clan des Aws de 'Abdoullah ibn Saloûl et le clan des Khazraj de Ibn Rawâha entrèrent en conflit violemment. C'est alors que le verset fut révélé [2].

- Le Tabi'i Sa'id ibn Joubayr a rapporté que ce verset fut révélé car les Aws et les Khazraj se battaient entre eux violemment.
- Qatâda rapporte qu'un homme des Aws et un homme des Khazraj s'étaient disputés pour une affaire. L'un d'eux dit à l'autre : « tu m'as lésé car ta tribu est plus nombreuse que la mienne ». Ils portèrent l'affaire au Prophète (paix et bénédiction de Dieu sur lui) et le verset fut révélé.
- Le Tabi'i As-Soudî rapporte que le verset fut révélé à la suite d'un incident qui éclata au sein d'un couple. L'un faisant partie des Aws et l'autre des Khazraj. La dispute dégénéra au point que leurs tribus respectives s'en mêlèrent de façon très virulente.

Commentaire :

« وَإِن طَآئِفَتَانِ مِنَ ٱلْمُؤْمِنِينَ ٱقْتَتَلُوا۟ فَأَصْلِحُوا۟ بَيْنَهُمَا ۖ فَإِنۢ بَغَتْ إِحْدَىٰهُمَا عَلَى ٱلْأُخْرَىٰ فَقَـٰتِلُوا۟ ٱلَّتِى تَبْغِى حَتَّىٰ تَفِىٓءَ إِلَىٰٓ أَمْرِ ٱللَّهِ » / « **Et si deux groupes de croyants se combattent, faites la conciliation entre eux. Si l'un**

d'eux se rebelle contre l'autre, combattez le groupe qui se rebelle, jusqu'à ce qu'il se conforme à l'ordre d'Allah. » :
- Ce verset incite à rechercher la réconciliation lorsque deux groupes de croyants se disputent.
- Si un des deux groupes est transgresseur, il faut se ranger du côté des opprimés afin de les défendre et faire respecter leurs droits [3].
- L'intervention pour réconcilier prend fin, lorsque le groupe transgresseur revient aux ordres de Dieu.
- Combattre les transgresseurs relève de la décision du chef de l'état, c'est-à-dire le Calife.

Puis, « / « فَإِن فَاءَتْ فَأَصْلِحُوا بَيْنَهُمَا بِالْعَدْلِ وَأَقْسِطُوا إِنَّ اللَّهَ يُحِبُّ الْمُقْسِطِينَ » s'il s'y conforme, réconciliez-les avec justice et soyez équitables car Allah aime les équitables » :
- Il y a une différence entre « **al'adl /** العَدْل » et « **al qist/** القِسْط » : le premier désigne le fait d'être équitable et de ne pas favoriser un tiers. Le second désigne le fait de donner le droit à celui qui en est le bénéficiaire.
- L'importance d'être juste et son mérite [4] : il permet d'obtenir l'amour de Dieu.

---

[1] Al Mawârdî dit dans son exégèse : « il y a divergence sur la cause de révélation de ce verset, 4 paroles ont été rapportées à ce sujet.

[2] Ibn 'Atyia et Ibn Jouzay ont dit que cette cause de révélation est l'avis de la majorité des savants.

[3] Ibn Juzay explique dans son exégèse que deux avis existent sur la question du combat entre deux factions musulmanes. Le premier avis dit qu'il ne faut pas participer au combat et rester en retrait, à l'écart, en vertu du Hadith : « combattre le musulman est de la mécréance » (Boukhârî). C'est l'avis de Sa'ad ibn Abî Waqas et Abî Dzar et de la plupart des compagnons. Le deuxième avis dit qu'il est obligatoire de se dresser contre l'oppresseur en vertu de ce verset, c'est l'avis de 'Aicha, 'Alî, de l'école Mâlikite et de biens d'autres savants.

[4] D'après 'Abdallah Ibn 'Amr (qu'Allah les agrée), le Prophète (que la prière d'Allah et Son salut soient sur lui) a dit : « Certes, les justes (al mouqsitîn/المقسطين), seront auprès d'Allah sur des minbars de lumière à la droite du Miséricordieux, et chacune de ses deux mains est droite, ceux qui sont justes dans leurs jugements, dans leurs familles, dans ceux qu'ils commandaient ». (Rapporté par Mouslim dans son Sahih n°1827)

Verset 10

إِنَّمَا ٱلْمُؤْمِنُونَ إِخْوَةٌ فَأَصْلِحُوا بَيْنَ أَخَوَيْكُمْ وَٱتَّقُوا ٱللَّهَ لَعَلَّكُمْ تُرْحَمُونَ

Les croyants ne sont que des frères. Etablissez la concorde entre vos frères, et craignez Allah, afin qu'on vous fasse miséricorde

Commentaire :

« إِنَّمَا ٱلْمُؤْمِنُونَ إِخْوَةٌ فَأَصْلِحُوا بَيْنَ أَخَوَيْكُمْ » / « **Les croyants ne sont que des frères. Etablissez la concorde entre vos frères** » :
- Ce verset rappel la notion fondamentale de la fraternité religieuse [1].
- La fraternité doit l'emporter sur la discorde, les divisions et les rancunes.
- La réconciliation est une nouvelle fois ordonnée par Dieu.

- Le musulman éprouve de l'aversion envers toute division au sein de la communauté. Il ne se réjouit point des querelles entre ses frères et sœurs coreligionnaires.

« وَٱتَّقُواْ ٱللَّهَ » / « **et craignez Allah** » :

- Encore une fois, Dieu recommande la piété [2]. Or, une notion que Dieu répète est une notion sur laquelle le croyant doit être vigilent.

« لَعَلَّكُمْ تُرْحَمُونَ » / « **afin qu'on vous fasse miséricorde** » :

- La pédagogie divine est basée sur une méthode de récompense concernant l'accomplissement du bien en général. Dieu nous informe que celui qui fais preuve de piété, il recevra la Miséricorde [3].
- Dans ce verset, il y a une indication subtile pour le croyant à améliorer sa relation horizontale (avec les créatures), afin de renforcer sa relation verticale (avec le Créateur).

---

[1] Al Qourtoubî dit dans son exégèse : « **Les croyants ne sont que des frères**, c'est-à-dire en religion et en sacralité, et non pas dans leurs origines. En conséquence, nous disons, la fraternité religieuse est plus ferme que la fraternité liée aux origines, car cette dernière est susceptible de s'interrompre, si elle est en contradiction avec les principes religieux. Alors que la fraternité religieuse ne s'interrompt pas si les principes culturels liés nos origines diffèrent ».

[2] Revenir aux commentaires des versets 1 et 3

[3] Ibn Kathîr dit dans son exégèse : « La Miséricorde est un droit que Dieu accorde à celui qui fais preuve de piété envers Lui ».

Verset 11

يَـٰٓأَيُّهَا ٱلَّذِينَ ءَامَنُوا۟ لَا يَسْخَرْ قَوْمٌ مِّن قَوْمٍ عَسَىٰٓ أَن يَكُونُوا۟ خَيْرًا مِّنْهُمْ وَلَا نِسَآءٌ مِّن نِّسَآءٍ عَسَىٰٓ أَن يَكُنَّ خَيْرًا مِّنْهُنَّ وَلَا تَلْمِزُوٓا۟ أَنفُسَكُمْ وَلَا تَنَابَزُوا۟ بِٱلْأَلْقَـٰبِ بِئْسَ ٱلِٱسْمُ ٱلْفُسُوقُ بَعْدَ ٱلْإِيمَـٰنِ وَمَن لَّمْ يَتُبْ فَأُو۟لَـٰٓئِكَ هُمُ ٱلظَّـٰلِمُونَ

Ô vous qui avez cru ! Qu'un groupe ne se raille pas d'un autre groupe : ceux-ci sont peut-être meilleurs qu'eux. Et que des femmes ne se raillent pas d'autres femmes : celles-ci sont peut-être meilleures qu'elles. Ne vous dénigrez pas et ne vous lancez pas mutuellement des sobriquets (injurieux). Quel vilain mot que « perversion » lorsqu'on a déjà la foi. Et quiconque ne se repent pas... Ceux-là sont les injustes.

Causes de révélation :

Plusieurs récits ont été rapportés par les exégètes concernant la cause de révélation de ce verset [1]. Nous allons les énoncées par ordre croissant, du récit le plus majoritairement rapporté dans les exégèses, au récit rapporté de manière isolée.

- Récit lié à Thâbit ibn Qays : Thâbit ibn Qays est un compagnon atteint d'un problème d'audition. C'est pourquoi, lorsqu'il assistait aux assises du Prophète (paix et bénédiction de Dieu sur lui), on lui laissait une place proche du Messager de Dieu (paix et bénédiction de Dieu sur lui). Un jour, Thâbit arriva dans une assise déjà bien remplie, il enjamba les compagnons afin de s'approcher du Prophète (paix et bénédiction de Dieu sur lui), c'est alors qu'un homme lui dit « ça suffit ! assis toi, il y a de la place ! ». Thâbit s'est alors assis en colère et dit à l'homme : « qui es-tu ? ». L'homme répondit : « je suis untel fils d'untel ». Thâbit lui dit alors « tu es le fils de telle femme ! » en mentionnant un surnom rabaissant qui était attribuée à cette dernière. L'homme baissa la tête par honte et le verset fut alors révélé [2].
- Récit lié aux épouses du Prophète (paix et bénédiction de Dieu sur lui) : il y a 4 versions différentes rapportées.
    1. Oum Salama s'apprêtait à sortir, elle revêtit son voile en laissant pendre une partie. Deux autres épouses la voyant faire, se moquèrent d'elle en disant : « regarde là ! on dirait qu'elle a une langue de chien » [3].

2. Des épouses du Prophète (paix et bénédiction de Dieu sur lui) se seraient moquées de la petite taille d'Oum Salama [4]
3. Saffyia s'était plainte aux Prophète (paix et bénédiction de Dieu sur lui) que certaines de ses épouses lui ont dits « juive ! fille de juive ! ». Le Prophète (paix et bénédiction de Dieu sur lui) lui dit alors « réponds leur, mon père est Hâroun, mon oncle est Moûssâ et mon époux Mouhammed ! » [5].
4. 'Aicha dit un jour au Prophète (paix et bénédiction de Dieu sur lui) « Saffyia est comme ça ! » et elle fit un geste avec sa main pour montrer sa petite taille. Le Prophète (paix et bénédiction de Dieu sur lui) lui dit alors « tu as dit une parole, si elle était mélangée à la mer, la mer deviendrait polluée ! » [6].

- Récit lié aux compagnons les plus pauvres : lorsque les Bani Tamîm arrivèrent à Médine, ils se seraient moqués des compagnons les plus pauvres tels que 'Ammâr, Bilel, Souhayb, Sâlim, Salmân, Khabâb et bien d'autres [7].
- Récit lié à 'Ikrima ibn Abi Jahal : Alors qu'il avait embrassé l'islam, un jour, 'Ikrima se rendit à Médine. Des gens en le voyant dirent « voilà le fils du pharaon de cette communauté ». 'Ikrima fut très peiné par ces propos, il s'en plaignit au Prophète (paix et bénédiction de Dieu sur lui) et le verset fut révélé [8].
- L'homme aux surnoms : un jour la tribu des Bani Salama était venue rencontrer le Prophète (paix et bénédiction de Dieu sur lui) et un homme connu par des surnoms mauvais et déplaisant était avec eux. Certains l'appelèrent par ces

sobriquets et l'homme se mit en colère. Le verset fut alors révélé [9].

- Récit lié à une coutume : les gens avaient pour habitude de s'appeler entre eux selon leur croyance ou selon l'état dans lequel ils étaient. Ils s'appelaient « ô juifs », « ô chrétiens », « ô pervers » [10].

Commentaire :

« يَٰٓأَيُّهَا ٱلَّذِينَ ءَامَنُواْ لَا يَسۡخَرۡ قَوۡمٞ مِّن قَوۡمٍ عَسَىٰٓ أَن يَكُونُواْ خَيۡرٗا مِّنۡهُمۡ وَلَا نِسَآءٞ مِّن نِّسَآءٍ عَسَىٰٓ أَن يَكُنَّ خَيۡرٗا مِّنۡهُنَّ » / « Ô vous qui avez cru ! Qu'un groupe ne se raille pas d'un autre groupe : ceux-ci sont peut-être meilleurs qu'eux. Et que des femmes ne se raillent pas d'autres femmes : celles-ci sont peut-être meilleures qu'elles » :

- Pour la quatrième fois, nous retrouvons cette interpellation de Dieu envers les croyants.
- A travers cette partie du verset, Dieu réprimande la moquerie. C'est une attitude blâmable que le musulman doit éviter [11].
- Un rappel à l'humilité est indiqué de manière indirecte.
- Dieu seul connait le véritable mérite d'une personne.

« وَلَا تَلۡمِزُوٓاْ أَنفُسَكُمۡ وَلَا تَنَابَزُواْ بِٱلۡأَلۡقَٰبِۖ بِئۡسَ ٱلِٱسۡمُ ٱلۡفُسُوقُ بَعۡدَ ٱلۡإِيمَٰنِ » / « Ne vous dénigrez pas et ne vous lancez pas mutuellement des sobriquets (injurieux). Quel vilain mot que ''perversion'' lorsqu'on a déjà la foi » :

- Dans cette partie du verset, Dieu interdit le dénigrement « Allamz ». Le dénigrement peut être physique, moral ou verbal. Le plus néfaste est sûrement celui qui est fait par la langue [12].
- De même, Il interdit d'utiliser des surnoms injurieux ou rabaissant envers autrui.
- Encore une fois, Dieu encourage les croyants à éviter les querelles et la désunion. C'est donc une continuité du verset précédent.
- Nous retrouvons une allusion à l'impossible cohabitation de la foi et de la perversité.

« وَمَن لَّمْ يَتُبْ فَأُوْلَٰئِكَ هُمُ ٱلظَّٰلِمُونَ » / « **Et quiconque ne se repent pas... Ceux-là sont les injustes** » :

- Ici, il y a une déduction de la gravité des actes mauvais que sont « allamz » (le dénigrement) et « tanabouz » (appeler quelqu'un par un nom méprisant), car Dieu appel au repentir pour celui qui les a commis.
- Dieu s'exprime d'une manière indirecte pour attirer l'attention de celui qui pense, que ces actes mauvais ne sont pas graves en soi.

---

[1] Al Qourtoubî rapporte dans son exégèse : « il y a divergence concernant la cause de révélations de ce verset ».

[2] Récit rapporté par Ibn 'Abbas

[3] Récit rapporté par Ibn 'Abbas

[4] Récit rapporté par Anas ibn Zayd

[5] Récit rapporté par Ibn 'Abbas
[6] Hadith rapporté par Tirmidhi
[7] Récit rapporté par Dahâk
[8] Récit rapporté par Dahâk
[9] Récit rapporté par Abi Jabîra ibn Dahâk
[10] Ceci est rapporté entre autres par Moujâhid

[11] Sa'dî dit dans son exégèse : « **Qu'un groupe ne se raille pas d'un autre groupe** » cela concerne toute parole, tout propos ou toute action visant à dénigrer son frère musulman, car tout ceci est interdit. Cela indique aussi que le moqueur, cherche à magnifier son égo. Or, il se peut que le moqué soit meilleur que le moqueur… La moquerie n'est présente que dans un cœur vide de bonnes manières, et remplit de mauvais comportements ».

[12] Ibn Mouqaffa a dit : « sache que lorsque l'arbre a été coupé par une hache, il repousse de nouveau, lorsque la chair a été a été entaillée par un sabre, elle se cicatrise, mais la blessure occasionnée par la langue ne se cicatrise pas, l'entaille ne pouvant être soignée… ».

Verset 12

يَـٰٓأَيُّهَا ٱلَّذِينَ ءَامَنُوا۟ ٱجْتَنِبُوا۟ كَثِيرًا مِّنَ ٱلظَّنِّ إِنَّ بَعْضَ ٱلظَّنِّ إِثْمٌ ۖ وَلَا تَجَسَّسُوا۟ وَلَا يَغْتَب بَّعْضُكُم بَعْضًا ۚ أَيُحِبُّ أَحَدُكُمْ أَن يَأْكُلَ لَحْمَ أَخِيهِ مَيْتًا فَكَرِهْتُمُوهُ ۚ وَٱتَّقُوا۟ ٱللَّهَ ۚ إِنَّ ٱللَّهَ تَوَّابٌ رَّحِيمٌ

> Ô vous qui avez cru ! Evitez de trop conjecturer [sur autrui] car une partie des conjectures est péché. Et n'espionnez pas ; et ne médisez pas les uns des autres. L'un de vous aimerait-il manger la chair de son frère mort ? (Non !) vous en aurez horreur. Et craignez Allah. Car Allah est Grand Accueillant au repentir, Très Miséricordieux.

Causes de révélation :

Une seule cause de révélation a été rapportée pour ce verset, et très peu d'exégètes l'ont rapporté.

Ce verset aurait été révélé au sujet de deux hommes musulmans qui avaient à leur service Salmân. Ils l'envoyèrent chercher de la nourriture auprès de Oussama qui était le gardien des provisions, mais il n'avait plus rien. Les deux hommes dirent : « Oussama à de la nourriture mais il ne veut pas nous en donner ». Ensuite, ils envoyèrent Salmân vers plusieurs personnes mais à chaque fois il revenait bredouille. Les deux hommes dirent alors : « si on envoyait Salmân vers un puits, le puits en serait asséché ». Ils décidèrent d'aller espionner Oussama et en chemin ils croisèrent le Prophète (paix et bénédiction de Dieu sur lui) qui leur dit : « je vois de la viande crue dans votre bouche ». Ils répondirent « par Dieu ! nous n'avons rien mangé aujourd'hui ! ». Le Prophète (paix et bénédiction de Dieu sur lui) leur dit alors « Pourtant, vous n'avez cessé de manger la chair de Salmân et d'Oussama » [1].

Commentaire :

Remarque : ce verset n'est peut-être pas le plus long de cette sourate, mais il est celui qui a fait couler le plus d'encre parmi les exégètes.

« يَٰٓأَيُّهَا ٱلَّذِينَ ءَامَنُوا۟ ٱجْتَنِبُوا۟ كَثِيرًا مِّنَ ٱلظَّنِّ إِنَّ بَعْضَ ٱلظَّنِّ إِثْمٌ » / « **Ô vous qui avez cru ! Evitez de trop conjecturer [sur autrui] car une partie des conjectures est péché** » :

- On retrouve la 5ème et dernière interpellation de Dieu envers les croyants.
- Ce verset recommande de s'éloigner des suspicions et mauvaises opinions envers autrui.
- Toutes les suspicions ne sont pas mauvaises, mais la plupart d'entre elles le sont [2].
- Le croyant se doit d'avoir une bonne opinion de ses frères et sœurs coreligionnaires. Il se doit au maximum de leur

trouver des excuses et faire preuve d'indulgence à leur égard [3].
- La plupart des suspicions sont des péchés et elles dégradent la relation des croyants entre eux.

« وَلَا تَجَسَّسُواْ وَلَا يَغْتَب بَّعْضُكُم بَعْضًا » / « **Et n'espionnez pas ; et ne médisez pas les uns des autres** » :
- Dieu, dans cette partie du verset, interdit l'espionnage [4] et la médisance [5].
- Ces deux fléaux sont des conséquences de la suspicion.
- Il existe des étapes graduelles menant à des péchés de plus en plus graves.
- Nous retrouvons encore une fois, l'importance d'adopter un bon comportement, afin de préserver les relations sociales et fraternelles.

« أَيُحِبُّ أَحَدُكُمْ أَن يَأْكُلَ لَحْمَ أَخِيهِ مَيْتًا فَكَرِهْتُمُوهُ » / « **L'un de vous aimerait-il manger la chair de son frère mort ? (Non !) Vous en aurez horreur** » :
- Ici, c'est le caractère ignoble et répugnant de la médisance que Dieu dénonce [6].
- La pédagogie Divine utilise des paraboles afin d'expliquer, d'éduquer et d'interdire, tout cela, en alliant douceur et prise de conscience.
- L'éloquence inimitable du Coran est parfaitement ressentie dans ce passage, tant par le novice que par l'initié.
- La question rhétorique est un procédé utilisé fréquemment par Dieu dans le Coran, mais aussi par le Prophète (paix et bénédiction de Dieu sur lui) dans sa Sounna.

« وَٱتَّقُوا۟ ٱللَّهَ إِنَّ ٱللَّهَ تَوَّابٌ رَّحِيمٌ » / « **Et craignez Allah. Car Allah est Grand Accueillant au repentir, Très Miséricordieux** » :
- C'est la 4ème fois que Dieu fait allusion à la « Taqwa ».
- Malgré la gravité et la répugnance de la médisance, Dieu rappel que Son Pardon est plus grand encore, et que la porte de la Miséricorde est accessible à tous [7].
- Nul n'est parfait, chacun est sujet au péché, à l'erreur et à la tentation.
- Dieu nous informe au sujet de deux de Ses Attributs parfaits, ce qui renforce l'éloquence et éloigne l'imperfection susceptible de Lui être attribué.

---

[1] Al Qourtoubî, Atha'labî et Al Baghawî ont rapporté ce récit dans leurs exégèses.

[2] Chawkâni dit dans son exégèse : « la plupart des règles de la *Chari'a (législation islamique)* reposent sur la suspicion comme le *Qyas (analogie)* ou l'information isolée… »

[3] Tabarî dit dans son exégèse : « Dieu n'a pas dit *''toutes les suspicions''*, c'est donc qu'il autorise les croyants à avoir des suspicions entre eux, mais de bonnes suspicions ».

[4] Chawkâni dit dans son exégèse : « l'espionnage c'est la recherche d'anecdotes mauvaises et des défauts de tes frères coreligionnaire. Dieu, exalté soit-il, a interdit la recherche des défauts concernant les gens et tout ce qui rentre dans ce cadre ».

[5] Ibn 'Atya dit dans son exégèse : « **et ne médisez pas** », cela signifie, on ne mentionne pas son frère à quelqu'un, avec des choses qu'il détesterait entendre ».

[6] Al Qourtoubî dit dans son exégèse : « Dieu compare la médisance au cannibalisme. De plus, le mort ne sait pas qu'on mange sa chair, comme celui qui est vivant ne sait pas qu'on médit de lui ».

[7] Cha'rawî dit dans son exégèse : « (cette partie du verset) nous indique l'accessibilité immense au repentir pour le repentant et la Miséricorde immense pour celui qui revient (vers Dieu). Cette conclusion (du verset) donne au désobéissant l'espoir en la Miséricorde Divine. Ainsi, les transgresseurs ne désespèrent pas de la Miséricorde de Dieu. Donc, celui dont la langue a trébuché dans la médisance, qu'il se précipite vers le repentir ! ».

Verset 13

يَٰٓأَيُّهَا ٱلنَّاسُ إِنَّا خَلَقْنَٰكُم مِّن ذَكَرٍ وَأُنثَىٰ وَجَعَلْنَٰكُمْ شُعُوبًا وَقَبَآئِلَ لِتَعَارَفُوٓا۟ إِنَّ أَكْرَمَكُمْ عِندَ ٱللَّهِ أَتْقَىٰكُمْ إِنَّ ٱللَّهَ عَلِيمٌ خَبِيرٌ

Ô hommes ! Nous vous avons créés d'un mâle et d'une femelle, et Nous avons fait de vous des nations et des tribus, pour que vous vous entre-connaissiez. Le plus noble d'entre vous, auprès d'Allah, est le plus pieux. Allah est certes Omniscient et Grand Connaisseur.

Causes de révélation :

Il y a 4 causes de révélations avancées pour ce verset :
- Lors de la conquête de la Mecque, le Prophète (paix et bénédiction de Dieu sur lui) a demandé à Bilel de faire l'appel à la prière. Bilel est alors monté sur la *ka'ba* et a fait le « adhân ». C'est alors que 'Atâb ibn Ousayd et Al Hârith ibn Hichâm eurent des propos rabaissant à l'encontre de Bilel.

'Atâb a dit « Dieu soit loué que mon père est mort avant d'avoir vu cela ! » et Al Hârith a dit « qu'a donc Mouhammed à changer l'ordre des choses pour qu'un noir puisse faire le « adhân ». Le verset fut alors révélé [1].

- Le Prophète (paix et bénédiction de Dieu sur lui) a ordonné aux Bani Bayâda de marier une de leur fille au compagnon Abou Hind. Ils s'exclamèrent « allons-nous marier une de nos filles à l'un de nos esclaves ! » [2].
- Ce versait aurait été révélé au sujet de Thâbit ibn Qays qui avait dit à un homme pour l'humilier « tu es le fils de telle femme ! » en la mentionnant par un sobriquet humiliant qui lui était attribuée durant la période de l'ignorance.
- Un esclave noir tomba malade et finalement mourut de sa maladie. Personne ne voulut le laver et l'enterrer. Le Prophète (paix et bénédiction de Dieu sur lui) s'occupa lui-même de le laver, de l'habiller de son linceul et de l'enterrer [3].

Commentaire :

« يَٰٓأَيُّهَا ٱلنَّاسُ » / « Ô hommes ! » :

- Dieu ne s'adresse plus spécifiquement aux croyants mais à l'humanité entière.
- Les enseignements qui découlent de ce verset sont donc universels.
- Dieu par Sa Miséricorde infini, interpelle tous les esprits. L'esprit de celui qui a foi en Lui et l'esprit de celui qui l'a renié [4].

« إِنَّا خَلَقْنَاكُم مِّن ذَكَرٍ وَأُنثَىٰ » / « **Nous vous avons créés d'un mâle et d'une femelle** » :
- Il y a unanimité des exégètes pour dire que ce passage désigne Adam et Eve.
- Dieu rappel une règle universel : chaque être humain est créé par le biais d'un père et d'une mère [5].
- A partir de cette origine unique des êtres humains, est déduite la fraternité humaine et leur égalité.

« وَجَعَلْنَاكُمْ شُعُوبًا وَقَبَائِلَ لِتَعَارَفُوا » / « **et Nous avons fait de vous des nations et des tribus, pour que vous vous entre-connaissiez** » :
- La différence des peuples [6] est une volonté divine.
- Le but de cette différence est d'apprendre à se connaître les uns et les autres.
- Ce passage bannit toute forme de racisme et tout individualisme.
- L'islam prône un humanisme total, basé sur l'ouverture et la tolérance.

« إِنَّ أَكْرَمَكُمْ عِندَ اللَّهِ أَتْقَاكُمْ » / « **Le plus noble d'entre vous, auprès d'Allah, est le plus pieux** » :
- Cette partie du verset, renseigne les humains sur la véritable valeur d'un individu [7].
- Auprès de Dieu, certains ont un degré plus élevé que d'autres.
- Encore une fois, Dieu fait mention de la « Taqwa ».
- Nul ne peut connaître la véritable piété d'un individu, seul Dieu en est capable.

« إِنَّ ٱللَّهَ عَلِيمٌ خَبِيرٌ » / « **Allah est certes Omniscient et Grand Connaisseur** » :

- Dieu a combiné Ses deux attributs, afin d'intensifier l'éloquence et afin d'exclure toute imperfection.
- Le mot « alîmoun » (savant) dans ce verset est lié à la connaissance extérieure et le mot « khabîroun » est lié à la connaissance intérieure [8].

---

[1] Cette version est la plus répandue parmi les exégètes. D'après Ibn 'Atya, ce récit a été rapporté par l'imam Zouhrî. Al Qourtoubî le rapporte d'après Ibn 'Abbas.

[2] Ce récit est mentionné par Ibn 'Achour dans son exégèse, d'après Abou Daoud selon Zouhrî.

[3] Les deux récits cités en dernier, sont mentionnés par Ibn Al Jawzî dans son exégèse, dans laquelle il dit : « les causes de révélation de ce verset sont au nombre de 3 ». Il mentionne toutes les versions citées plus haut, sauf la version du récit concernant Abou Hind.

[4] Cha'râwî dit dans son exégèse : « cette interpellation s'adresse à l'humanité entière. Ce verset attire l'attention sur le signe de la création et sur la magnificence du Créateur. De plus, ce verset inclut tout le monde, le croyant comme le non croyant, le mâle comme la femelle, car, ils ont tous la même origine (Adam et Eve) ».

[5] Chaque règle a son exception : Adam fut créé sans père ni mère, Eve fut créé sans mère et 'Issa (Jésus) fut créé sans père. (Note de l'auteur).

[6] Dans ce verset il y a les mots « chou'oûb » (nations) et « qabâ-il » (tribu). Cha'rawî dit dans son exégèse : « les Arabes sont une nation, les Romains sont une nation, les Perses sont une nation. Ensuite, ces nations se partagent en peuples puis les peuples en tribus, puis les tribus en clans s'affiliant à un même ancêtre, puis vient les factions issues d'un même clan, puis vient les familles avec un même nom et enfin vient l'individu issue de la cellule familiale ».

[7] Al Mâwardî dit dans son exégèse : « Le plus noble d'entre vous, auprès d'Allah, est le plus pieux » cela signifie, votre supériorité et votre honorabilité proviennent de vos actes et de votre piété. Ils ne proviennent nullement de votre lignée ».

[8] Râzî dit dans son exégèse : « Allah est certes Omniscient et Grand Connaisseur » ; « **Omniscient** » signifie que Dieu sait ce que vous faites en apparence, et il connait vos origines, vos lignées. « **Grand Connaisseur** » signifie qu'il est parfaitement informé des secrets les plus intimes, qui se cachent au fond de vous-même ».

Verset 14

قَالَتِ ٱلْأَعْرَابُ ءَامَنَّا قُل لَّمْ تُؤْمِنُوا۟ وَلَـٰكِن قُولُوٓا۟ أَسْلَمْنَا وَلَمَّا يَدْخُلِ ٱلْإِيمَـٰنُ فِى قُلُوبِكُمْ وَإِن تُطِيعُوا۟ ٱللَّهَ وَرَسُولَهُۥ لَا يَلِتْكُم مِّنْ أَعْمَـٰلِكُمْ شَيْـًٔا إِنَّ ٱللَّهَ غَفُورٌ رَّحِيمٌ

Les Bédouins ont dit : « Nous avons la foi ». Dis : « Vous n'avez pas encore la foi. Dites plutôt : Nous nous sommes simplement soumis, car la foi n'a pas encore pénétré dans vos cœurs. Et si vous obéissez à Allah et à Son messager, Il ne vous fera rien perdre de vos œuvres ». Allah est Pardonneur et Miséricordieux

Causes de révélation :

Ce verset fut révélé pour la tribu des Banou Asad, les exégètes sont unanimes sur cela. En revanche, la cause réelle de révélation est sujette à deux principales interprétations [1].

- Lors de l'année des délégations, les Banou Asad sont venu à Médine pour rencontrer le Prophète (paix et bénédiction de Dieu sur lui) et lui prêter allégeance. Devant le Prophète (paix et bénédiction de Dieu sur lui), ils lui ont rappelé le fait qu'il ne l'avait jamais combattu comme beaucoup d'autres tribus. Ils ont en quelque sorte rappelé au Prophète (paix et bénédiction de Dieu sur lui) que leur conversion était une faveur de leur part. En vérité, ils étaient venus dans le but qu'on leur verse une partie de la Zakât. Ils avaient donc prononcé avec leurs langues ce qui n'était pas dans leurs cœurs. C'est pourquoi ce verset fut révélé [2].
- Ils avaient voulu se faire appeler « mouhâjiroûn » (exilés) avant d'avoir effectué l'exil vers le Prophète (paix et bénédiction de Dieu sur lui).

Commentaire :

« قَالَتِ ٱلْأَعْرَابُ ءَامَنَّا قُل لَّمْ تُؤْمِنُوا۟ وَلَٰكِن قُولُوٓا۟ أَسْلَمْنَا » / « **Les Bédouins ont dit : « Nous avons la foi ». Dis : « Vous n'avez pas encore la foi. Dites plutôt : Nous nous sommes simplement soumis »** :
- Dans ce passage, Dieu fait une distinction entre la foi (imân) et l'islam. La foi est indiquée comme un degré supérieur [3].
- Les bédouins cités ici sont les Bani Asad. Cela ne concerne pas tous les bédouins. Voilà pourquoi la connaissance des causes de révélations est importante. Afin de ne pas faire une généralité, ce qui est spécifique.
- Pourquoi Dieu dit « qoul » (dis) en s'adressant au Prophète (paix et bénédiction de Dieu sur lui), ne doit-il pas tout dire

du Coran ? C'est pour appuyer l'importance des propos qui vont suivre.

« وَلَمَّا يَدْخُلِ ٱلْإِيمَٰنُ فِى قُلُوبِكُمْ » / « **car la foi n'a pas encore pénétré dans vos cœurs** » :

- La foi se situe dans le cœur, nul ne peut accuser un autre croyant de ne pas avoir la foi.
- Cependant, bien que le cœur soit le réceptacle de la foi, elle doit se traduire par des actes [4].

« وَإِن تُطِيعُواْ ٱللَّهَ وَرَسُولَهُۥ لَا يَلِتْكُم مِّنْ أَعْمَٰلِكُمْ شَيْـًٔا » / « **Et si vous obéissez à Allah et à Son messager, Il ne vous fera rien perdre de vos œuvres** » :

- La générosité immense de Dieu, qui ne fait jamais perdre la récompense des bonnes œuvres accomplies.
- L'obéissance à Dieu et au Messager (paix et bénédiction de Dieu) est une cause de réussite.
- Encore une fois, nous remarquons la Miséricorde infini de Dieu, qui récompense les croyants cherchant à se corriger, même s'ils ont mal agi auparavant [5].

« إِنَّ ٱللَّهَ غَفُورٌ رَّحِيمٌ » / « **Allah est Pardonneur et Miséricordieux** »

- Nous avons déjà expliqué la combinaison de ces 2 Noms Parfaits de Dieu [6].

---

[1] Al Mâwardî dit dans son exégèse : « dans ce verset il y a 3 possibilités d'interprétation : premièrement ils ont dit avec leurs bouches, ce qui n'était pas dans leurs cœurs. Deuxièmement, ils

voulaient se faire appeler « mouhâjiroûn » avant de faire l'exil. Troisièmement, ils ont présenté au Prophète (paix et bénédiction de Dieu sur lui) leur conversion comme une faveur de leur part pour lui ».

[2] Chawkâni a dit dans son exégèse : « Dis : **Vous n'avez pas encore la foi,** signifie, vous n'avez pas rendu véridique ni ancré fermement (la foi) dans vos cœurs. Vous n'avez pas non plus apaisé (par la foi) ni rempli de sincérité vos cœurs ».

[3] Ibn Kathîr dit dans son exégèse : « ce noble verset nous fait comprendre que la foi est différente de l'islam. Telle est l'opinion de l'orthodoxie sunnite. La preuve de cela est le Hadith où Jibril vient interroger le Prophète (paix et bénédiction de Dieu sur lui) sur l'islam, la foi et l'excellence (ihsân)… ».

[4] Ibn Abi Zayd Al Qayrawânî dit dans son célèbre livre *Rissâla* : « la foi c'est une attestation verbale prononcée par la langue, une sincérité du cœur et des œuvres accomplies par le reste des membres…L'affirmation de la foi ne sera complète qu'avec la pratique religieuse ».

[5] Ibn 'Atya dit dans son exégèse : « bien que la foi n'ait pas pénétré leurs cœurs, la porte du repentir leurs est ouverte par la parole : **Et si vous obéissez à Allah et à Son messager, Il ne vous fera rien perdre de vos œuvres.** Enfin, l'obéissance à Dieu et à Son Messager (paix et bénédiction de Dieu sur lui) résident dans la foi et l'action combinées ensemble ».

[6] Voir verset 5

Verset 15

إِنَّمَا ٱلْمُؤْمِنُونَ ٱلَّذِينَ ءَامَنُواْ بِٱللَّهِ وَرَسُولِهِۦ ثُمَّ لَمْ يَرْتَابُواْ وَجَٰهَدُواْ بِأَمْوَٰلِهِمْ وَأَنفُسِهِمْ فِى سَبِيلِ ٱللَّهِ أُوْلَٰٓئِكَ هُمُ ٱلصَّٰدِقُونَ

Les vrais croyants sont seulement ceux qui croient en Allah et en Son messager, qui par la suite ne doutent point et qui luttent avec leurs biens et leurs personnes dans le chemin d'Allah. Ceux-là sont les véridiques.

Commentaire :

« إِنَّمَا ٱلْمُؤْمِنُونَ ٱلَّذِينَ ءَامَنُواْ بِٱللَّهِ وَرَسُولِهِۦ » / « **Les vrais croyants sont seulement ceux qui croient en Allah et en Son messager** » :

- Le verset dresse 3 caractéristiques des véritables croyants. La première caractéristique est : croire en Dieu et en Son Messager (paix et bénédiction de Dieu sur lui). Cela peut signifier :

- > L'obéissance à Dieu et à Son Prophète (paix et bénédiction de Dieu sur lui) qui découle de la croyance.
- > Celui qui croit en Dieu mais renie le Prophète (paix et bénédiction de Dieu sur lui) n'est pas un véritable croyant.
- Ce verset est un rappel pour les Bani Asad en particulier et une exhortation pour les croyants en général, concernant la foi véritable [1].

« ثُمَّ لَمْ يَرْتَابُوا وَجَاهَدُوا بِأَمْوَالِهِمْ وَأَنفُسِهِمْ فِى سَبِيلِ ٱللَّهِ » / « **qui par la suite ne doutent point et qui luttent avec leurs biens et leurs personnes dans le chemin d'Allah** » :
- Les deux autres caractéristiques citées concernant les vrais croyants sont : ne point douter, puis fournir des efforts avec ses biens et sa personne, pour la religion [2].
- L'amour de Dieu et de Son Prophète (paix et bénédiction de Dieu sur lui) sont plus fort que l'amour de ce bas-monde.

« أُوْلَٰٓئِكَ هُمُ ٱلصَّٰدِقُونَ » / « **Ceux-là sont les véridiques** » :
- Dieu conclu ce verset en attestant que les véridiques sont ceux qui ont les caractéristiques mentionnées précédemment.
- Cette phrase revient à plusieurs reprises dans le Coran [3].

---

[1] Cha'râwî dit dans son exégèse : « Al Haqq (un des noms de Dieu) exalté soit-il, veut éclaircir le véritable sens de la foi. La foi n'est pas simplement une parole mais c'est une certitude qui est

enracinée (dans le cœur), et qui ne laisse aucune place au doute et au scepticisme ».

[2] Al Qourtoubî dit dans son exégèse : « ce verset signifie qu'il faut rendre véridique sa foi et ne pas avoir de doute. Puis, il faut prouver sa foi par les efforts et les œuvres pieuses ».

[3] « …les émigrés besogneux qui ont été expulsés de leurs demeures et de leurs biens, tandis qu'ils recherchaient une grâce et un agrément d'Allah, et qu'ils portaient secours à (la cause d') Allah et à Son Messager. Ceux-là sont les véridiques ». (S59/v8) / **« Ceux qui ont cru en Allah et en Ses messagers ceux-là sont les grands véridiques… » (S57/v19).**

Verset 16

قُلْ أَتُعَلِّمُونَ ٱللَّهَ بِدِينِكُمْ وَٱللَّهُ يَعْلَمُ مَا فِى ٱلسَّمَٰوَٰتِ وَمَا فِى ٱلْأَرْضِ ۚ وَٱللَّهُ بِكُلِّ شَىْءٍ عَلِيمٌ

Dis : « Est-ce vous qui apprendrez à Allah votre religion, alors qu'Allah sait tout ce qui est dans les cieux et sur la terre ?» Et Allah est Omniscient.

Causes de révélation :

Il n'y a pas de causes de révélations rapportées d'une manière sûre. Toutefois, certains exégètes avancent certaines hypothèses plausibles.

- Ce verset aurait été révélé pour les Bani Asad. Lorsque fut révélé la Parole de Dieu : **« Dis : Vous n'avez pas encore la foi. Dites plutôt : Nous nous sommes simplement soumis »,** ils partirent trouver le Prophète (paix et bénédiction de Dieu sur lui) et ils jurèrent être de vrais croyants. Ce verset fut alors révélé [1].

- Ce verset aurait été révélé pour certains bédouins qui vivaient dans les alentours de Médine, et qui s'étaient converti par peur, puis qui secrètement restaient attaché au polythéisme [2].

Commentaire :

Dis / « قُلْ أَتُعَلِّمُونَ ٱللَّهَ بِدِينِكُمْ وَٱللَّهُ يَعْلَمُ مَا فِى ٱلسَّمَٰوَٰتِ وَمَا فِى ٱلْأَرْضِ » : « Est-ce vous qui apprendrez à Allah votre religion, alors qu'Allah sait tout ce qui est dans les cieux et sur la terre ?» » :

- Nous retrouvons la parole « dis » [3].
- Ce passage est une question rhétorique afin de blâmer ceux qui remettent en question la révélation divine.

Et Allah est Omniscient / « وَٱللَّهُ بِكُلِّ شَىْءٍ عَلِيمٌ » : « Et Allah est Omniscient » :

- Dieu est celui qui détient le savoir parfait. Il n'existe aucune chose dans l'univers, sur laquelle Il n'a pas de savoir [4].
- Dieu connait ce qui est apparent comme ce qui est caché, Il connait le passé et le futur, Il connait la destinée de tous les êtres. Rien n'est caché à Lui dans l'univers entier, et rien ne le sera jamais [5].

---

[1] Ibn 'Achour dit dans son exégèse : « lorsqu'ils ont entendu (les Bani Asad) le verset « **Dis : Vous n'avez pas encore la foi…** », ils sont venus trouver le Prophète (paix et bénédiction de Dieu sur lui) et ont juré d'être croyants. Le verset « **Dis : Est-ce vous qui apprendrez à Allah votre religion…** » fut alors révélé. Cela n'a pas été

rapporté de manière reconnue. Al Baghawî le rapporte dans son exégèse. Toutefois, la chaine de transmission rapportant cela n'est pas acceptable ».

[2] Al Mâwardî dit dans son exégèse : « ce verset concerne les bédouins qui vivaient autour de Médine et qui avaient en apparence embrassé l'islam. Ils avaient embrassé l'islam par peur et cachaient leur attachement au polythéisme. Alors, Dieu a dévoilé ce qu'ils cachaient… ».

[3] Voir verset 14.

[4] Ibn Kathîr dit dans son exégèse : « ce verset signifie qu'il n'y a pas un grain de poussière dans les cieux et sur la Terre qui puisse être caché à Dieu. Ni même quelque chose de plus petit ou de plus grand ».

[5] « Dieu est décrit comme ayant connaissance de toutes choses, depuis toujours sans commencement, et pour toujours sans fin. Sa connaissance des choses n'a jamais été précédée de l'ignorance. Ton Seigneur n'est pas celui qui oublie ». **(Extrait du commentaire de « Tahawiya » par Moussaoui Mahboub-éditions Sabil/p.136).**

Verset 17

يَمُنُّونَ عَلَيْكَ أَنْ أَسْلَمُوا۟ قُل لَّا تَمُنُّوا۟ عَلَىَّ إِسْلَٰمَكُم بَلِ ٱللَّهُ يَمُنُّ عَلَيْكُمْ أَنْ هَدَىٰكُمْ لِلْإِيمَٰنِ إِن كُنتُمْ صَٰدِقِينَ

Ils te rappellent leur conversion à l'Islam comme si c'était une faveur de leur part. Dis : « Ne me rappelez pas votre conversion à l'Islam comme une faveur. C'est tout au contraire une faveur dont Allah vous a comblés en vous dirigeant vers la foi, si toutefois vous êtes véridiques »

Commentaire :

« يَمُنُّونَ عَلَيْكَ أَنْ أَسْلَمُوا۟ قُل لَّا تَمُنُّوا۟ عَلَىَّ إِسْلَٰمَكُم » / « Ils te rappellent leur conversion à l'Islam comme si c'était une faveur de leur part. Dis : « Ne me rappelez pas votre conversion à l'Islam comme une faveur » :

- Ce passage fait référence aux Bani Asad cités dans les versets précédents.

- Ne fais pas partie de la bonne attitude du croyant, le fait de rappeler le bien qu'il a accompli envers autrui [1].
- Lorsque le croyant est bienfaisant envers les autres, il le fait en toute sincérité, sans attendre une quelconque compensation en retour.
- Celui qui embrasse l'islam ne fait aucune faveur à Dieu et à Son Messager (paix et bénédiction de Dieu sur lui).

« بَلِ ٱللَّهُ يَمُنُّ عَلَيْكُمْ أَنْ هَدَىٰكُمْ لِلْإِيمَٰنِ إِن كُنتُمْ صَٰدِقِينَ » / « C'est tout au contraire une faveur dont Allah vous a comblés en vous dirigeant vers la foi, si toutefois vous êtes véridiques » :

- Dieu répond aux Bani Asad en particulier, et rappel aux musulmans en général, que la guidée à l'islam est une faveur émanant de Sa part.
- La véracité est encore indiquée par Dieu dans ce verset.
- Le croyant se doit d'avoir une attitude humble et respectueuse vis-à-vis de Dieu [2].

---

[1] Tantâwî dit dans son exégèse : « rappeler le bien qu'on a fait envers les autres est quelque chose de détestable, alors que rappeler le bien provenant de Dieu est louable ».

[2] Tabarânî dit dans son exégèse : « il est reconnu que le droit de celui qui invite à la guidée est plus grand que le droit de celui qui l'a demandée puis l'a reçue. Il ne convient pas non plus au demandeur, de réclamer le droit à celui qui possède ce droit, ni d'oublier un droit encore plus grand qui lui a été accordé ».

Verset 18

إِنَّ ٱللَّهَ يَعْلَمُ غَيْبَ ٱلسَّمَٰوَٰتِ وَٱلْأَرْضِ ۚ وَٱللَّهُ بَصِيرٌۢ بِمَا تَعْمَلُونَ

Allah connaît l'Inconnaissable des cieux et de la terre et Allah est Clairvoyant sur ce que vous faites

Commentaire :

« إِنَّ ٱللَّهَ يَعْلَمُ غَيْبَ ٱلسَّمَٰوَٰتِ وَٱلْأَرْضِ » / « **Allah connaît l'Inconnaissable des cieux et de la terre** » :

- Dans ce passage Dieu rappel Sa Science infinie, en indiquant qu'Il a connaissance de l'invisible [1].
- Dieu connait l'inconnaissable, c'est-à-dire, ce que l'Homme pourra ne jamais connaitre sauf si Dieu l'en informe.

« وَٱللَّهُ بَصِيرٌۢ بِمَا تَعْمَلُونَ » / « **et Allah est Clairvoyant sur ce que vous faites** » :

- Dieu a introduit cette sourate en informant qu'Il est Celui qui entend tout et Celui qui sait tout. Il termine cette sourate en

informant qu'Il voit tout, que cela relève de la sphère visible ou invisible.
- Dieu conclu cette sourate en rappelant qu'Il est Clairvoyant sur tous les actes des Hommes. Ceux qui sont apparents comme cachés, ceux qui sont passés, ceux qui sont en train d'avoir lieu, comme ceux à venir [2].

Par la grâce de Dieu et Sa générosité, nous avons terminé le commentaire de la sourate ''Les Appartements ''.

Louanges à Dieu.

الْحَمْدُ لِلَّهِ

---

[1] Ibrâhîm Al Qatân dit dans son exégèse : « c'est Lui qui connait la véracité de la foi, ou celui qui fait semblant. Il sait différencier les actions faites pour la recherche de ce bas-monde et les actions faites en aspirant au visage de Dieu ».

[2] Makkî ibn Abî Tâlib dit dans son exégèse : « Il est le détenteur de la Clairvoyance totale sur vos œuvres. Rien ne peut se cacher à Lui concernant cela. Il est Celui qui recense toutes vos œuvres jusqu'à ce qu'Il vous récompense pour elles : le bien qui a été semé récoltera le bien, et le mal qui a été semé récoltera le mal ».

Biographie des exégètes cités dans cet ouvrage

Al-Baghawî

C'est un savant du 5ème siècle hégirien. Il est né en 433 de l'hégire [1] (1041 de notre ère). Il est originaire du Khorassan en perse. C'est un savant du hadith et du droit musulman selon l'école de l'imam Shâfi'i. Son œuvre la plus célèbre est son livre d'exégèse « ma'âlimou tanzîl ». C'était un érudit et un ascète qui se nourrissait seulement de pain. Le grand savant du Hadith, historien et biographe Dzahâbî dit de lui (dans sa célèbre encyclopédie biographique) : « le Cheikh, l'imam, le grand savant, le modèle à suivre, la Hâfiz [2], le Revificateur de la Sounna ». Il décède en 516 de l'hégire (1122).

Al-Mâwardî

C'est un savant du 4ème siècle hégirien. Il est né en 364 (974) à Bassorah en Irak. C'est un savant qui s'illustre particulièrement dans le droit musulman et la langue arabe. Il va jouer un rôle important d'un point de vue politique. Il est désigné juge puis ambassadeur par les califes *abbasside* de son époque. Il a laissé de nombreux ouvrages religieux et de thèse politique. Toutefois, son œuvre la plus célèbre est son exégèse remarquable « nukat al'ouyoûn ». Dzahâbi dit de lui, dans son encyclopédie biographique : « il est l'imam, le grand savant, le plus grand juge des juges ». Il a formé de nombreux élèves dont le plus célèbre est : Al Khatîb Al Baghdâdî, considéré comme le plus grand savant du Hadith de son temps. Al Mâwardî décède en 450 de l'hégire (1058).

Al-Qattân

C'est un savant contemporain du 20ème siècle et son prénom est : Ibrahîm. Il est né en 1334 de l'hégire (1916). Il est originaire de Jordanie. Il étudia auprès du grand savant de son époque Mouhammed Shinqitî [3] ainsi qu'à l'université islamique d'Al Azhar en Egypte. Il étudia les sciences religieuses et la langue arabe. Il occupa les fonctions de juge, de ministre et d'ambassadeur en Jordanie. Il est surnommé « le Juge » et « l'éducateur ». Son exégèse « Tayssîr Tafsîr » fut reconnue par les savants et elle a été beaucoup commenté. Il meurt en 1405 (1984) à Amman.

Al-Qourtoubî

Savant du 7ème siècle hégirien. Il est né en l'an 600 de l'hégire (1204) à Cordoue, dans l'Andalousie musulmane. Très tôt, il perd son père tué par l'armée chrétienne. Il doit subvenir aux besoins de sa famille très jeune et pourtant, il n'abandonne pas ses études religieuses. Il doit quitter l'Andalousie après l'incursion des armées chrétiennes. Il se dirige avec sa famille vers l'Egypte, où il va parfaire son instruction religieuse. Finalement, il deviendra un des plus grands savants de son époque. Il est un juriste, un exégète, un spécialiste de la langue arabe, qui laissera en héritage de nombreux livres encore étudiés aujourd'hui, dans les plus prestigieuses universités islamiques. Certes, son ouvrage le plus éminent et le plus connu est son exégèse « al jâmi' al ahkâm al Qour-an ». Il meurt en 671 (1273) en Egypte.

Cha'râwî

Il s'agit du Sheikh Muhammad Mitwallî Cha'râwi, savant contemporain du 20 ème siècle. Il est né en Egypte dans un petit village, en l'année 1911. Il commença par mémoriser le Coran dès son enfance. A 11 ans, il en termina la mémorisation complète. Ensuite il suivit les cours à l'université Al Azhar, tout en s'initiant à la prédication dans la mosquée de son village. Il sera diplômé en sciences religieuses et en langue arabe. Toutefois, c'est la langue arabe qui deviendra son domaine de prédilection. Il sera enseignant à l'université islamique de La Mecque. Il enseignera aussi en Algérie. Sa qualité et sa pédagogie d'orateur lui ont permis de participer à plusieurs émissions télévisées. Cela fera croitre sa renommée et l'amour des musulmans pour ce Cheikh. Il est considéré par beaucoup de savants comme le plus grand exégète du 20 ème siècle. Parmi ses élèves se trouve le non moins éminent, l'honorable Cheikh Al Qardâwî, qui le surnommait : l'homme du Coran. Cha'rawî mourut en 1998 en Egypte.

Chawkânî

C'est un savant du 18ème siècle. Il est né en 1173 du calendrier hégirien (1760). Il est originaire de Sana au Yémen. Son père était un savant reconnu, il a d'ailleurs puisé une grande partie de son savoir auprès de lui. Il fut persévérant et constant dans la recherche du savoir. Il deviendra finalement le plus grand savant de son siècle. A l'époque du colonialisme, lorsque les ennemis de l'islam voulaient éteindre la lumière de la religion, l'imam Chawkânî a été l'un de ceux qui a protégé cette dernière. Par la transmission de son savoir éclairé et par sa lutte intellectuelle, il a été un défenseur de la religion. Il était un érudit aux connaissances larges. C'est pourquoi il a été surnommé par les savants : l'imam des imams, l'imam des « mouftî », l'océan de connaissances, le soleil de la compréhension, le prince des juristes et des « mémorisateurs ». Il a légué aux générations musulmane un trésor précieux, son exégèse « fath al qadîr ». Il est mort en 1254 de l'hégire (1834).

Amdouni

Le professeur Hassan Amdouni, né le 7 novembre 1955 à Tunis, est un enseignant et écrivain belgo-tunisien. Licencié en droit musulman de l'université Zaytouna et docteur en histoire et civilisation de l'université Paris-Sorbonne, où il a soutenu sa thèse en 1987, sous la direction de Dominique Sourdel, intitulée : L'organisation sociale en Ifriqiya sous les Fatimides. Il est spécialiste en droit musulman et dans la science de la méthodologie du droit (Oussoul al-Fiqh). Il est connu dans les cercles d'études et de formations qu'il a dirigé, principalement en France et en Belgique. Il est le seul savant de cette liste biographique encore vivant. Il a un livre traduit en français que j'ai utilisé : *commentaire de la sourate al Houjourâte*. Que Dieu le préserve.

Ibn 'Achour

Mohammed Tahâr Ben Achoûr est un savant contemporain du 20ème siècle. Originaire de Tunisie, il est né en 1879 à Tunis. Il commença ses études religieuses par la mémorisation complète du Coran puis, il intégra la prestigieuse université Zaytouna. Il en ressortira diplômé. Il sera par la suite enseignant et recteur de cette université. Il est un spécialiste du droit malékite. Il fut aussi investi par le gouvernement tunisien, des postes de juge et grand « mouftî ». Il est sans aucun doute le grand savant réformateur de la Tunisie. Il insuffla un souffle lumineux parmi les générations suivantes. Son œuvre la plus célèbre est son exégèse en presque 30 volumes « tahrîr wa tanwîr ». Il mit 40 années pour la composer. Il meurt en 1973.

Ibn-Al-Jawzî

Abou Al Farâj Ibn Al Jawzî savant du 6ème siècle hégirien. Sa lignée remonte jusqu'au noble compagnon Aboû Bakr. Il est né en 508 de l'hégire (1116) à Baghdâd en Irak. Il est une figure incontournable de l'histoire musulmane. Il est un savant dont l'évocation du nom, inspire le respect et l'amour. Il était un spécialiste du droit Hanbalite. Il avait une maîtrise de toutes les disciplines religieuses. Il a légué à la postérité de nombreux ouvrages encore lu et étudié aujourd'hui. Qui n'a jamais entendu parler de son fameux « talbis iblis » (les ruses de Satan, livre traduit en français), à l'intérieur duquel il explicite les différents pièges et ruses de Satan pour nous détourner de la voie droite. Toutefois, malgré ses écrits appréciés et nombreux [4], son exégèse « zâd al massîr fî t'alim tafsîr » reste son ouvrage le plus remarquable. Dzahâbi dit de lui dans son encyclopédie biographique : « il est le Cheikh, l'imam, le grand savant, le « Hâfiz », l'exégète, le *cheikh* de l'islam, et la fierté de l'Irak ». Il décède en l'an 597 (1201).

Ibn-Al-Jouzay

Il est un savant du 8ème siècle hégirien, plus connu sous le nom d'Ibn Al Jouzay Al Kalbî. Il est né en 693 (1294 du calendrier grégorien) à Grenade dans l'Andalousie musulmane. Il est le savant de son temps. Il fut actif aussi bien sur le plan religieux, que politique, social ou militaire. Il avait une grande maîtrise de la langue arabe et des différentes sciences islamique, notamment le Hadith et le droit ''malékite''. Mais, il s'illustra surtout par son exégèse formidable ''tashîl al'ouloûm tanzîl''. Il a introduit son exégèse par plusieurs tomes d'explication des fondements et des règles de l'exégèse[5]. Il décède à 48 ans environ mais avec un héritage scientifique phénoménal. Il meurt martyr sur le champ de bataille. Il combattait les troupes chrétiennes envahissant l'Andalousie. Ce fut en 741 (1340)

Ibn-'Atya

C'est un savant du 6ème siècle hégirien. Originaire de Grenade en Andalousie. Il est né en 481 de l'hégire (1088). Il était un savant du droit malékite et un savant du Hadith qui maitrisait les chaines de narrateurs et les subtilités cachés dans les voies de transmissions. Il était doté d'une très grande mémoire. On rapporte qu'il transmettait des livres entiers à ses étudiants de tête, sans aucun support sous les yeux. Son exégèse « al mouharrar al wajîz fî al kitâb al 'azîz » est considérée comme l'une des 3 meilleurs qui ont été produites à travers l'histoire. Son « Tafsîr » se distingue notamment par sa connaissance approfondie et sa précision des différentes formes de lectures Coranique. Dzahâbî dit de lui : « il est l'imam, le grand savant, le maître des exégètes ». Il décède en 542 (1148).

Ibn-Kathîr

Né en 701 de l'hégire (1301) à Damas en Syrie, il est, je pense, l'exégète le plus connu. Qui n'a pas déjà entendu son nom ? Son père mourut alors qu'il était très jeune. C'est son oncle qui prit soin de lui. Il étudia à Damas auprès des plus grands maitres de son pays, mais aussi auprès des plus grands savants de son époque. Il étudia d'ailleurs auprès du célèbre Ibn Taymiya. Il fut l'un de ses meilleurs élèves avec Ibn Al Qayyim et Dzahâbî. C'était un savant du Hadith, un historien et un exégète. Son exégèse « Tafsîr al Qour-ân al 'âzim » est considéré par certains comme le meilleur « Tafsîr » de toute l'histoire. Il était surnommé : *le pilier de la religion*. Il meurt en 774 (1373).

Makkî-ibn-Abî-Tâlib

Il est né en 355 de l'hégire (966) à Kairouan en Tunisie. Il a vécu ensuite la plus grande partie de sa vie à Cordoue en Andalousie. Il était un savant spécialisé dans les lectures du Coran et la langue arabe. Il a reçu le Coran de beaucoup de maitres à travers le monde musulman : en Andalousie, en Irak et en Egypte. Il était surnommé : *le lecteur*. Son exégèse « Tafsîr alhidâya ilâ bouloûgh an-Nihâya » est reconnue par les spécialistes. Il meurt en 437 de l'hégire (1045) à Cordoue.

Razî (Fakh-dine)

Il est né en 554 de l'hégire (1149) à Ray dans l'actuel Iran. Il fut un savant prolifique et complet. Il maitrisait les sciences religieuses mais aussi d'autres sciences comme la médecine [6]. Il était un spécialiste du droit de l'école chaféite et des fondements du droit musulman (Oussoul al fiqh). Il enseignait les sciences religieuses et a écrit beaucoup de livres dans des sujets divers. Toutefois, son œuvre la plus magistrale est son exégèse Coranique « Mafâtih al ghayb tafsîr al kabîr ». Cette exégèse est d'une très haute qualité dans la langue arabe et très profonde dans l'approche des enseignements des versets. Il décède en l'an 606 (1209).

Sa'di

Abd ar-Rahmân ibn Nâsir Sa'dî est un savant contemporain du 20 ème siècle. Il est né en 1307 de l'hégire (1889) en Arabie Saoudite. Dans sa jeunesse, il apprit le Coran en entier. Son père décéda alors qu'il était un petit garçon. Il va par la suite poursuivre ses études auprès des plus éminents savants de son pays [7]. Il deviendra un spécialiste du droit musulman de l'école hanbalite et de la science « oussoul al fiqh » (les fondements du droit musulman). Il a écrit de nombreux livres qui ont formé la génération suivante de savants saoudiens. Son œuvre la plus retentissante est son exégèse « Taysir Al Karîm aR-Rahmân fî tafsîr kalâm al Manân ». Il était décrit comme un homme ouvert et accessible à tous, surtout à ses étudiants. Parmi ses élèves nous pouvons citer le célèbre Al 'Uthaymîn, l'un des plus grands savants du 20 ème siècle. Il meurt en 1376 (1956).

Sâwî

Il est né en 1175 de l'hégire (1761) en Egypte. Après avoir terminé la mémorisation du Coran dans sa jeunesse, il rejoint l'université Al Azhar. Il en ressort diplômé. Il était doté d'une grande connaissance en langue arabe. C'était un grand maître spirituel reconnu

et respecté. Il a écrit des ouvrages dans les domaines de la langue arabe, la croyance musulmane et l'exégèse. Son livre
« hâchyia tafsîr al jalalayn » est un commentaire d'une exégèse non moins célèbre « Al Jalalayn ». Il meut à Médine en 1241 (1825).

Tabarânî
C'est un savant du 3ème siècle hégirien. Il est né en 260 de l'hégire (873) dans la région du Châm. Il commença très tôt à s'initier aux sciences religieuses et plus particulièrement aux sciences du Hadith. Il est rapporté qu'à 13 ans déjà, il voyageait pour récolter des narrations auprès des maîtres reconnus. Il voyagea dans la région du Châm, en Irak, à La Mecque, à Médine et au Yémen. Il eut plus de 1000 maîtres. Dzahâbî dit de lui : « il est un imam, un « Hâfiz », sûr dans la transmission et un grand voyageur pour la science ». Son exégèse « Tafsîr al kabîr » est son œuvre la plus célèbre. Il est considéré comme le savant du Hadith de son époque. Il meurt en 360 de l'hégire (970).

Tabarî
Il est né en 224 de l'hégire (839) à Tabaristan dans l'actuel Iran. Il fut précoce dans l'érudition. A 7 ans il termina de mémoriser le Coran en entier, puis enchaina directement avec la mémorisation des grands recueils de Hadith. A environ 8 ans il était l'imam de sa mosquée. Il voyagea à travers le monde musulman pour récolter le savoir. Il partit en Irak pour le Hadith voulant rencontrer le grand imam Ahmed. Mais ce dernier meurt juste avant qu'il arrive à Baghdâd. Il se dirigea en Egypte pour acquérir les lectures Coraniques auprès des grands maitres de son époque. Il enseigna à Baghdâd la plus grande partie de sa vie et laissa des ouvrages qui ont traversé les siècles.

Parmi ses œuvres, 2 ont eu un retentissement plus important : son livre « Histoire des Prophètes et des rois », une encyclopédie d'histoire considéré comme la meilleure jamais produite et son exégèse « jâmi' al bayyân fî tafsîr al Qour-ân » est considérée comme la meilleure exégèse de tous les temps. C'est pourquoi il est surnommé : *le prince des exégètes*. Sa maîtrise de toutes les disciplines scientifiques de l'islam, en particulier le Hadith, se retrouvent dans son « Tafsîr ». Dzahâbî dit de lui : « il est l'imam, le savant de son temps, le *Moujtahid* [8]. Il meurt en 310 de l'hégire (923).

Tantâwî

C'est un savant égyptien contemporain du 20 ème siècle. Il est né en 1928. Il fit ses études islamiques à Al Azhar d'où il ressort avec 2 doctorats : un en Hadith et un en exégèse. Il va occuper des postes importants dans son pays : enseignant, puis recteur à Al Azhar, ensuite il va être nommé grand imam puis « mouftî » d'Egypte.

Il a écrit plusieurs livres mais son exégèse « al wasît fî tafsîr al Qour-ân al karîm » est son ouvrage le plus célèbre. Cette exégèse se distingue par un apport de compréhension lié à son époque. Il meurt en 2010 à Ryadh.

J'espère que cet ouvrage me sera bénéfique ici-bas et dans l'autre monde, ainsi qu'à mes frères et sœurs coreligionnaires. Le bien qui émergera de ce livre, provient de Dieu uniquement, et les failles qui pourraient y subsister, ne proviennent que de son auteur remplie de faiblesses et de vulnérabilités.

Que la paix et le salut de Dieu soit sur notre Prophète bien-aimé.
Louanges à Allah maître des univers.

---

[1] Il y a divergence sur son année de naissance. Certains disent 433 et d'autres 436 de l'hégire.

[2] Titre donné à certains savants du Hadith quand ils dépassent la mémorisation de plus de 100.000 Hadith.

[3] Je me suis parfois référé à l'exégèse du cheikh Mouhammed Shinqitî. C'est une exégèse simple et condensée (note de l'auteur).

[4] Certains lui attribuent plus de 700 ouvrages.

[5] Je me suis inspiré de son ouvrage pour introduire ce fascicule par une brève présentation des fondements et règles du « Tafsîr ». J'ai d'ailleurs l'honneur d'avoir une « ijâza » (certification) remontant jusqu'à ce grand savant (note de l'auteur).

[6] Attention à ne pas confondre avec le médecin Abou Bakr Râzî très connu en occident.

[7] Il étudia lui aussi, auprès du fameux Cheikh Mouhammed Shinqitî.

[8] Titre donné au savant ayant une telle maîtrise du droit et des Hadith qu'il est capable de prononcer des avis juridiques.

Bibliographie

Livres d'exégèse :

Al-Baghawî. (Tafsîr ma'âlimou tanzîl).
Al-Mâwardî. (Tafsîr nukat al'ouyoûn).
Al-Qattân. (Tafsîr tayissir tafsîr).
Al-Qourtoubî. (Tafsîr al jâmi' al ahkâm al Qour-an).
Cha'râwî. (Tafsîr khawâtir).
Chawkânî. (Tafsîr fath al qadîr).
Amdouni. (Commentaire du Coran, sourate Les Chambres).
Ibn-'Achour. (Tafsîr tahrîr wa tanwîr).
Ibn-Al-Jawzî. (Tafsîr zâd al massîr fî t'alim tafsîr).
Ibn-Al-Jouzay. (Tafsîr tashîl al'ouloûm tanzîl).
Ibn-'Atya. (tafsîr al mouharrar al wajîz fî al kitâb al 'azîz).
Ibn-Kathîr. (Tafsîr al Qour-ân al 'âzim).
makkî-ibn-Abî-Tâlib. (Tafsîr al hidâya ilâ bouloûgh nihâya).
Razî. (Mafâtih al ghayb tafsîr al kabîr).
Sa'di. (Taysir Al Karîm aR-Rahmân fî tafsîr kalâm al Manân)
Sâwî. (Tafsîr hâchyia tafsîr al jalalayn).
Tabarânî. (Tafsîr al kabîr).

Tabarî. (Tafsîr jâmi' al bayyân fî tafsîr al Qour-ân).
Tantâwî. (Tafsîr al wasît fî tafsîr al Qour-ân al karîm).

Recueils de Hadith:

Abî-Daoud. (Sounan).
Ahmed. (Al Mousnad).
Al-Boukhârî. (Al jâmi' aS-Sahîh).
aN-Nassâ-î. (Sounan aS-soughrâ).
Dârimî. (Sounan).
Ibn Mâja. (Sounan).
Mâlik. (Al Mouwattâ).
Mouslim. (aS-sahîh Mouslim).
Tirmidzî. (Jâmî' Tirmîdzî).

Autres ouvrages :

Al-'Uthaymîn. (Al qawâ'idou al mithlâ fî sifâti lâhi al housnâ (les règles exemplaires des Noms et Attributs Divins).
Dzahabî. (Siyar a`lam al-nubala')
Tahâwî. (Al 'aqîda Tahâwyia).

Pour nous contacter

institut.musulman.moselle@hotmail.com

institutmusulmandemoselle.fr